好かれる人のさり気ない気配り100式

渡邉華織

かんき出版

同僚が苦手な作業を代わりにやってあげるとき何と声をかける?

詳しい解説は 21 へ

会社に送るお中元やお歳暮、どれが最も好ましい？

A　メロン

B　クッキーの詰め合わせ

C　おせんべい

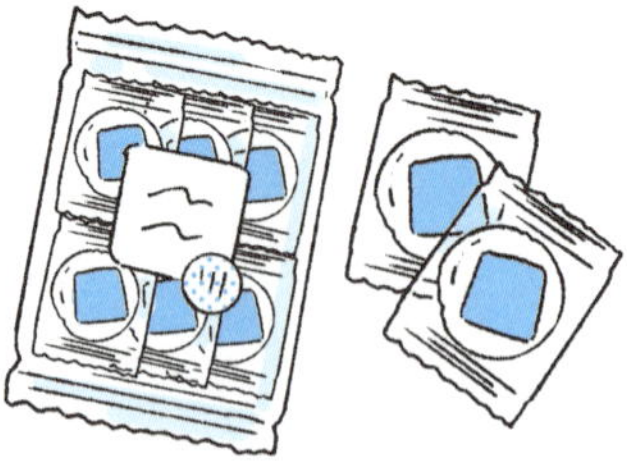

詳しい解説は 86 へ

はじめに

気配りできる人は、運がよくなる

私は以前、会員数が約3万7000人の秘書のコミュニティを主宰、現在も秘書向けのセミナーやイベント等を主催しています。本書は、私がそのコミュニティでいつも伝えている**「一歩先を行く気配りとはどのようなものか」**をまとめたものです。

これは、**秘書の方に限らず、どんな仕事をしている人であっても、年齢性別にかかわらず、オフィシャルでもプライベートでも役立つものばかりです。**

実は私、人の100倍くらい運がいいのです。それはたまたまだと思っていましたが、あるとき、

「これは偶然ではなく、気配りをしてきた結果なのかも？」

と考えるようになりました。

つまり、**人のためを思って動くことが習慣になっていると、周りの人も自然と私のことを気にかけてくれる。それが巡り巡って運のよさにつながるのではないか、**と思ったので

す。

もちろん自分の運をよくしたいから人に尽くす、というのは違います。でも私の周りのラッキーな人は、みんな他人に気配りのできる人ばかり。

やはり気配りは「福」を呼ぶのです。

皆さんにもぜひ私の幸運をお福分けしたい――そんな気持ちで本書を執筆しました。

「みんなのお世話役」からスタート

私は秘書として長く働いてきました。でも、キャリアのはじめから秘書だったわけではありません。もし新卒のときから秘書だったら、おそらく今の私はなかったでしょう。

私が新卒で入社したのは日本航空（ＪＡＬ）でしたが、配属先が非常に特殊で、ＪＡＬが設立しようとしていた新しい航空会社の準備室でした。まだ十数人しかいない社員は全員ＪＡＬからの出向者。私は客室業務部というところに配属されました。

やがて誕生した新しい航空会社は、ＬＣＣ（ローコストキャリア：格安航空会社）の先駆けのようなもので、ジャパンエアチャーターという会社でした（のちにＪＡＬウェイズと社名変更し、現在はＪＡＬに統合されています）。もしかしたら、覚えている人もいるかもしれません。

「リゾッチャ」というキャンペーンでは客室乗務員がアロハを着ておもてなしをしたり、機内でビンゴゲームをしたりして、とても話題になった画期的な航空会社です。

会社自体が新しくできたばかりなので、既成概念というものがありません。前任者もいないので、試行錯誤しながら常に新しいものを生み出さなければならず、新入社員といえども自分で考えて動かざるを得ませんでした。

当時、私は社内でいちばんの下っ端です。私のほかに事務的なことをする人はいなかったため、伝言を取り次いだり、上司のスケジュール管理をしたり、経費精算したりと、あらゆることをしました。そのため秘書という肩書きではありませんでしたが、自然と「皆さんのお世話役」的ポジションになっていきました。

私がサポートする上司の中には、常に空を飛んでいる人たちがいて、その人たちとは普段はまったく顔を合わせません。でも「私がいるから大丈夫ですよ」と、安心感を持ってもらいたかったので、空港の近くに設置してある個人用のポスト（当時空港に近いオペレーションセンターという場所に一人ひとりにポストが与えられ、書類や手紙などが届けられました）に、手書きの手紙を定期的に入れたりもしていました。

その結果、「助かったよ」「ありがとう」と言ってもらえて、それが励みになったのです。

このとき、**自分は人に喜んでもらうことや、人をサポートするのが好きなんだとわかりました。**そこから秘書という職業に興味を持ち、転職に至ったのです。

決まったことしかしない秘書なんて、もったいない

しかし、いざ秘書になってみると、なんだか想像していたものとは違いました。

当時の秘書の皆さんは、間違ったことはしません。その代わりマニュアルで決まったことしかしないのです。それまで、いろいろなアイデアを出すことを求められてきた私からすると、そういう働き方にあまり発展性はないように見えて、もったいないと思いました。

秘書というのは、大げさにいうと経営の補佐役です。いわば経営者と一緒に会社を動かすサポーター。そう考えると、秘書の役割は無限大です。それなのにみんな、「スケジュール調整だけ」「お茶出しだけ」しかしない。

だから私は、できるだけそれを越えた**「一歩先」の気づかいをしようと思ってやってきました。でも、特別なことをやるわけではありません。誰にでもできる、ちょっとしたことです。**

その結果、**「あの人がそばにいると頼りになる」「一緒にいると安心する」といった信頼**

感や安心感を持ってもらうことができ、コミュニケーション能力も向上していきました。

その後、金融、小売、コンサル、ＩＴなど、何社かの一部上場企業の秘書を務め、「もう秘書としての役目は一通り経験したから、何か違うことで自分のスキルを生かしてみたい」と思うようになりました。そこで、飲食店の検索で知られる「ぐるなび」が運営する、「こちら秘書室」というサイトの責任者を経験し、現在はエグゼクティブや秘書が悩んでいることを吸い上げてセミナーやイベントを開催しています。

前置きが長くなりましたが、本書では私が実践してきた１００の気配りのコツをご紹介します。最初から最後まで順番に読まなくても、今すぐ調べたいところ、または興味のあるところから読んでもらってかまいません。

楽しみながら読んでいただけますと、うれしいです。

渡邉　華織

第1章 気配りができる人の基本的な姿勢

第2章 相手の気持ちになって行動する

第3章

コミュニケーションがスムーズにいく方法

第4章 ひと手間かけて気配り力UP

第5章 上司・部下のコミュニケーション

第6章

外見・マナーに気をつける

第7章

印象がよくなる飲食・接客

第8章

お土産にも気づかいを

第9章

さらに気配り力を上げるための心得

こんなときどこを読む？

こんなときは？	どこを読む？
気配りしたのに感謝されないと感じるとき	第１章
いつも同じ気配りしかできないとき	
気配りで失敗したとき	
相手の気持ちを察したいとき	第２章
困っている人を手助けしたいとき	
相手を傷つけずに間違いを指摘するとき	
相手がどんな人か知りたいとき	第３章
相手との距離を縮めたいとき	
会話をスムーズに進めたいとき	
お礼状や招待状を書くとき	第４章
相手が初めての場所で待ち合わせをするとき	
オンラインでミーティングをするとき	
部下をほめるとき	第５章
上司の欠点をカバーしたいとき	
上司に謝るとき	
服装に迷ったとき	第６章
他社を訪問するとき	
清潔感を出したいとき	
お酒が飲めない人と会食するとき	第７章
初めてのお店を使おうとするとき	
会食で相手に気をつかわせたくないとき	
どんな手土産がいいか迷ったとき	第８章
会社にお中元やお歳暮を送るとき	
手土産をスムーズに渡したいとき	
困ったときに助けてくれる味方を増やしたいとき	第９章
気配りのバリエーションを増やしたいとき	
人間関係がうまくいかず落ち込んでしまったとき	

◎ブックデザイン　小口翔平＋畑中茜
＋村上佑佳（ｔｏｂｕｆｕｎｅ）
◎カバーイラスト　髙栁浩太郎
◎本文イラスト　田渕正敏
◎編集協力　長山清子
◎ＤＴＰ　佐藤純（アスラン編集スタジオ）
◎校正　鴎来堂

第1章

気配りができる人の基本的な姿勢

01

気配りをするのは誰のため？

気配りに大事なことはたくさんありますが、**「見返りを求めないこと」**が大事です。

損得で動く人、自分の評価を上げたくて動く人には、いつか必ず相応の評価がくだるのではないでしょうか。

なぜこんなことを言うかというと、見返りを求めて気配りしているのがありありとわかる人に何度か会ったことがあるからです。

親切にしてくれるのだけれど、妙に「やってあげた感」がある人や、「私、あの人に、こんなことをやってあげたんだよね」という話を頻繁にする人。こういう人はきっと、私にしてくれたことも、よそでさんざんしゃべっているんだろうなあ……と想像してしまいます。

気配りは相手があって成立することなので、やったことに対していつも感謝されるなんて、そもそもあり得ません。でも、自慢げに、しかも若干、尾ひれをつけて話すのです。

後日の参考のために自分の経験を共有してくれる人と、「こんなことやったんだよね」

とひけらかす人の違いは、聞いていればわかります。

私は思うのですが、**気配りというのは、黙って素早くやるところに神髄がある**ような気がします。逆に、「こんな気配りをしてあげた」と吹聴すると価値が半減する（それなのにこんな本を書くなんて矛盾もはなはだしいのですが）。

誰だって自分を認めてほしいし、ほめてほしい。自己承認欲求があるのは否定できません。でも年齢を重ねるとともに、そういう「見て見て」「すごいでしょ」という気持ちは自分の中に押し込めてしまったほうがいい。

気配りがうまくいったら自分の中だけで喜ぶ。もしくは全然違うところで話をして（例えば学生時代の友達に話を聞いてもらったりして）、**自分の気持ちをなだめる**ようにしてほしいと思います。

POINT
「こんなことしてあげたよね」とは言わない

02 気持ちがこもっていない動作は、わかってしまう

考えれば考えるほど、気配りというのは難しいものです。いったいどうすればいいのか、わからなくなることもしばしば。

そんなときヒントになるのが、「利他」という言葉です。

人から好かれたいとか、上司に気に入られたいとか、そういうエゴを100%なくすことはできないけれど、**ベースに利他の精神があれば、ちゃんと伝わる**ことのほうが多いはずです。相手のためになりたいという「利他」の気持ちがなく、「自分が優位に立ちたい」「よく見られたい」ために行動する人は見ればわかります。

例えば普段はお酌なんかしないのに、相手が上司だと急にお酌をする人がいる。でも周りの人たちは、見ていないようで実によく見ているもの。だからそういう人は、「利他の精神」という意味では「まだまだ」とみんなに思われていることでしょう。

慣れないことでも一生懸命やっている気配というのはなぜか伝わってきます。お茶を出すときに、「どうしよう、どうしよう」とウロウロして時間がかかっている新人さんがい

ると、心の中で「がんばれ」と声援を送りたくなります。

その一方で、たとえ文句のつけようのない完璧な作法でお茶を出されても、出してくれた人のどこかに「まあ、こんなもんでしょ」という気持ちがあると、高級なお茶でもあまりおいしく感じられません。

「この人、所作は完璧だけれど、なんかビジネスライクだな」と思ってしまいます。

どんなに完璧な気づかいをしたとしても、そこに気持ちが乗っていないと、なぜかただの「作業」になってしまうのです。

「ただの作業」と「気持ちのこもった動作」はいったいどこが違うのか、わかりづらそうに思いますが、実はどんな人でも、わりと正確にそれを感じ取ることができる。

人間にはそれだけ精巧なセンサーが備わっているということでしょう。

POINT

「利他の精神」で行動する

03

たまには冒険してもいい

仕事を離れたプライベートでも、気配りの能力が役立つ場面はたくさんあります。例えば帰省の手土産を選ぶとき、ホームパーティーを開くとき、同窓会を企画するときなど。そんな場面で、秘書という仕事をしている人たちには共通する傾向があるように感じます。

それは、**冒険をしたがらない**ということ。職業柄、粗相があってはならない、間違いがあってはいけないという慎重な姿勢が染みついているのです。

秘書という仕事は、何でも正確にできて当たり前。うまくいっても、ほめられることがありません。ところが間違えたときはすぐに厳しいお叱りを受けます。そんな減点主義なところがある仕事なので、みんないつの間にか安全な枠から出たくなくなるのでしょう。

プライベートの会食でも予約するのは個室。食べるものは、嫌いな人が少ない和食。手土産だったら配りやすい個包装のもので、日持ちがする老舗の銘菓を用意する。このような慣例がインプットされてしまいます。プライベートですらそうなのですから、ましてやビジネスの場では推して知るべしです。

確かに誰もしていないことをして、もし失敗しようものなら、上司に恥をかかせたり、迷惑をかけたりしてしまうかもしれない。それはとても怖い。だから安全策を選んでしまう心理もよく理解できます。

しかし、**いつもそればかりをしていたら、ほかの会社やほかの人との差別化ができません。**

「この人だからこそ、こういう知識を持っている」「こういう人だからこそ、こういう経験談を話せる」というような、自分ならではのオリジナリティがなくなってしまいます。

最初は基本を知ることが大切ですから、枠の中から始めていけばいいでしょう。しかし徐々に気配りの「オリジナリティ力」をつけていってほしいのです。

POINT

自分にしかできない気配りは何かを考える

04

気配りは「とっさの応用力」でもある

礼儀作法で「こんなときはこうする」と、決められていることはたくさんあります。例えば来客にお茶を出すときは、お客様の右側から出すと教えられます。なぜなら人間は心臓が左側にある（人が多い）ので、左側から近づいてくるものに無意識に身構えるからだとか。

でも場合によっては、お客様の席が右の壁にぴったりついていて、右側からお茶が出せないこともあるでしょう。それにお客様がテーブルの右側に資料を広げていたら、そちらにはお茶を置かないほうがいい。邪魔だし、こぼしてしまうかもしれないからです。

しかし**真面目な人ほど、座学で得た知識が唯一無二の正解であり、それを守らないのは自分の落ち度だと思ってしまいます。**本当はそんなことはないのにです。

例えば、お茶は目上の人から先に出すと決まっていますが、見た目だけでは序列がわからないときもよくあります。

取引先の社長、役員1名、そのほかに営業担当者など3名が来社したとします。合計で

5人もいると、いちばん若い営業担当の人や、いちばん年上の社長はわかっても、2番目、3番目の違いはほとんどわかりません。

そういうときに、「偉い人からお茶を出さなければいけない」ということで頭がいっぱいになってしまうと、お盆を持ったまま「えっ、どの人？　どの人？」と立ち尽くしてしまう。そのせいでお茶を出すことに時間を費やしてしまうのであれば、いっそのこと、「この人は絶対偉い人だよな」という人に先に出して、その後は、出しやすいほうから、「失礼します」と小声で言いながら出していけばいいのです。

できる人とか、気が回る人は、固定概念にとらわれないので、その場で瞬時に判断してパッと動くことができます。自分がその場でベストと思うことを、自信を持ってやればいいと思います。それは決して間違いではなく、そのときにできるいちばんの心づかいです。

POINT

「その場に合わせて臨機応変に対応する」

05

答えはネットの中でなく、目の前の人にある

ネットで検索すれば、たいていのことがわかる時代です。しかしネットの情報が正しいとは限りません。間違った情報をもとに行動して、外したときのダメージは大きいのではないでしょうか。

そして、今はどんな仕事にでもマニュアルがある「マニュアル社会」です。接客のアルバイトをはじめ、営業、企画、総務などの各部署に、「皆さん、こういうときは、こうしましょうね」というマニュアルが必ずある。経験の浅い人には助かることだと思います。

しかし**マニュアルに書いてあるのは、いわば必要最低限のことだけ。本当の気づかいとは、目の前の人が、今この瞬間にいちばん欲していることを臨機応変に提供すること**です。

しかしそのやり方はあまりにも個別具体的すぎて、一般化することはできません。

マニュアルにないことでも思いつくようなアイデア力や応用力がなくなってしまったら、全員に同じことしかできなくなってしまうでしょう。

ネットの情報は、あくまでも参考程度。常に「もっといいやり方があるはず」と考えて

いないと、本当の気づかいはできません。

こんな話を聞いたことがあります。

車椅子の方はレストランで食事をするとき、たいがい車椅子のままお食事をしているでしょう。でも、あるホテルのスタッフは、車椅子でいらした方や付き添いの方に、「こちらの椅子に移動されますか？」と尋ねるそうです。そうやって聞かれた方の中に、涙を流して感動する方がいたのだとか。なぜかというと、本来、車椅子は普通の人にとっての電車や自転車のような交通手段であって、自分の体の一部ではない。本当はちゃんと椅子に座って食べたいのに、当たり前のようにお店の椅子をよけて車椅子のままテーブルにつくことになっているのが、すごく悲しいことだったそうです。

この話を聞いて、私たちが当たり前だと思っていることも、そうとは限らないんだと気づかされました。「みんながやっていることなんだから、それがベストだ」と思って思考停止に陥らないことが大事です。

POINT

マニュアルや常識が正解とは限らない

06 アイデアは10考えて、9ボツにする

気配りは自分のためでなく相手のためにすることです。自分が何を欲しているかはわかるけれど、相手が何を欲しているかは想像するしかない。だから**気配りにおいては、想像力がすごく大事。**

自分がよかれと思うことだけをしていては、本当に喜ばれる気配りはできません。常に相手をベースにしたものの考え方をすることです。

例えば来客時のお茶出しでAさんが冷たいお茶を喜んでくれたからといって、Bさんも同じように喜ぶとは限らない。Aさんのときの成功体験は忘れて、Bさんを基準として、何が喜ばれるかを一から想像して探っていくしかありません。

いちばんいいのは、**複数の選択肢を準備しておくこと**です。自分の引き出しを増やして、できることを増やせば、思いがけないことを言われてもすぐに対応できるでしょう。

私は尊敬する上司から、「一つの事案に対して、常に10の戦略を考えろ」と言われていました。アイデアは一つしか採用されないとしても、常に10考えて、9ボツにする。そんな思考がいちばん大事だと思います。

前項で車椅子でレストランにいらした方が、車椅子のまま食事をするのではなく、一般の方と同じ椅子に座って食事ができたので、涙を流して喜んだというエピソードをお話ししました。

この気配りを可能にしたのは、何だと思いますか？

私は、「もしかしたら車椅子の方も、一般の人と同じ椅子に座って食事をしたいかもしれない」という想像力だと思います。

世の中では「みんながやっていることがベストなやり方」だと思われています。でも、**もしかしたら、そうじゃないやり方のほうが、もっと喜んでもらえるかもしれません。**伝統的な風習でも、廃止したらみんながラクになってサッパリするかもしれないのです。

当たり前を当たり前だと思わないこと。**常に「これより、何かもっといい方法があるのではないか」と想像を巡らせる**ことが大事なのです。

POINT

「もし～だったら？」と考えてみる

07 よかれと思ったことでお叱りを受ける

私がある流通大手企業の経営者の秘書をしていたときのことです。上司が提携先の大手ファーストフード企業との打ち合わせから戻ってきました。

「渡邉さん、これ、こんなにいただいてきちゃった」と言って見せてくれたのが、コーヒーの無料チケットの束。その後上司が、「こんなにあるから1階の自社系列のドラッグストアのレジ横にでも置いてもらうかな」と独り言のように言っているのが耳に入ってきました。でも上司はすぐに次の予定が入っていたので、チケットの束を机の上に置いたまま、外出したのです。

そこで私は気を利かせて、上司の代わりにそのコーヒーチケットを同じフロアの全員の机に配って回り、余ったぶんをドラッグストアのレジ横に置かせてもらいました。

翌日、その出来事を知った上司から電話がかかってきて言われたのは「全部回収して」。その日は土曜日で会社は休み。オフィスに電話をかけたら、幸い休日出勤している人がいたので頼んで回収してもらいましたが、コーヒーチケットの3分の1以上は、すでに社員の机の上にはありませんでした。上司に電話をかけると、すでに自らドラッグストアに行ってチケットを回収してきたらしく、「回収できるものは僕が回収してきたから、もういいよ」と電話を切られてしまいました。

月曜日に重い気分で出社すると、案の定、きつくお叱りを受けました。

上司は、そのコーヒーチケットを適当にばらまくだけではお互いの企業がWin-Winにならない、どうすれば有効に使えるか熟考していたのです。単にコーヒーを引き換えるだけではお店にはメリットは生まれない、そのほかのメニューもオーダーしてもらうにはどういう人にターゲットを絞ってチケットを配付すべきか考えていました。

言われてみれば上司の口癖は、**「一つの事象に対して、いろいろな側面からできるだけ多くの戦略を考えろ」**というもの。それをずっと叩き込まれてきたのに、私は何も考えずに、ただ早く処理することだけを目的にしていました。

浅はかだった、と思えるようになったのは実はずいぶん時間が経ってからです。

想像力が足りないと、自分がよかれと思ったことで問題が起きることもあるのです。

POINT

親切が迷惑になることもある

08

失敗は財産、叱られた経験は宝物

前述のコーヒーチケット事件が起きた当時の私は、「よかれと思ってやったのに、そこまで言う必要ないんじゃない？」と上司を恨めしく思う気持ちでいっぱい。比較的メンタルが強い私でも、1週間以上嫌な気持ちを引きずってしまいました。

やはり若いときは自分の経験したことがすべて。それに当てはまらないことが起きると、それ以上想像を巡らせることができませんでした。**自分がよかれと思うやり方のバリエーションが少なすぎた**のだと思います。

もっといろいろな人と接して、いろいろな経験をしていれば、上司の深い意図に気づくことができたかもしれません。つまりは、私の未熟さが原因でした。

それなのに当時の私は、「自分がせっかく、よかれと思ってこうしてあげたのに」という気持ちが先走ってしまった。

これは**気づかいとかホスピタリティでは絶対にしてはいけないこと**です。

「こうしてあげたんだから、一言お礼があってもいいんじゃない？」

「こう思ったからやってあげたのに、好意を無にされた」

こんなふうに思うことが皆さんにもあると思います。しかしそれは残念ながら多くの場合、独りよがりの押しつけにすぎません。

年齢を重ねた私にとって、今やこのコーヒーチケット事件は正真正銘の宝物となっています。思い出すたびに気配りの原点に帰れるからです。でも若い人や経験の少ない人は、こんなとき相手を恨むか、もしくは自分を責めるかのどちらかになることが多い。

こんなときは自分がよかれと思ったほうに突っ走るのではなく、経験を重ねた人にちょっと相談してみるとか、友達に「こういうことがあったんだけど、どうしたらいい？」と聞いてみたりして、一人でも多くの人の意見を参考にしてみてください。

それが**善意の暴走を防ぐ**方法です。

POINT

「やってあげたのに」と逆恨みしない

09

気配りで大事なのは、落ち込まない精神力

おもてなしや気配りというのは、相手あってのもの。相手の立場を常に考えながら、相手にとっていちばんいいと思うことを行動に移すということです。

しかしコーヒーチケット事件を例に出すまでもなく、自分がよかれと思ってやったことが、相手にとって必ずしもベストではないことは往々にしてあります。「絶対に喜んでくれる」と思ってやったのに、むしろお叱りを受けたりすることは日常茶飯事。そんなときはメンタルにズシーンとこたえます。

しかしそんなときでも、自分を責めないことです。自分を責めてしまうと、何か新しい気配りのアイデアを思いついても「やっぱりやめておこう」となり、ありきたりのことしかできなくなってしまいます。

だから私は、「**気配りではトライアンドエラーが当たり前**なんだ」と口を酸っぱくして訴えたいです。なぜなら目の前にいる相手は一人ひとり別々の人間で、ものごとの捉え方も感じ方も自分とは違う人だからです。

まずはこの前提を肝に銘じておくこと。

そのうえで**「マニュアル通り」や「無難」を越えた気配りができたときに、今まで経験したことのない感動とか、思い出に残る一場面が生まれます。**だから「無難」を越える勇気を持ってほしい。間違えたときに落ち込んだり、自分を責めたりする弱さは、持たないでもらいたいと思います。

私のように、よかれと思って動いたのに、あまりよい結果にならなかったというようなことはどうしても一定程度、発生します。

自己弁護するわけではありませんが、コーヒーチケット事件のときの私も、早く動いたこと自体は決して悪くありません。人に言われる前に自ら動いたことを、まずはほめてぃい。そうやっていろいろな場面を経験しながら、自分の中で成功事例を一つでも増やしていけばいいのです。

だから**失敗を恐れずにトライしてほしい。**トライした自分をほめてあげてください。

POINT

気配りをした自分をまずはほめる

10 どうせダメだと決めつけない

空港の受付カウンターのもとには、毎日さまざまな相談が寄せられます。中には「そんなこと、無理！」という相談もあるのだとか。でも彼らは**ギリギリまで努力して、どうしてもダメだとわかるまでは絶対に「無理です」とは言いません。**できないときも代替案を提案する。私たちもこの姿勢を大いに見習うべきではないでしょうか。

例えば会食のメンバーの一人に、厳格な菜食主義者がいたとします。そのため肉はおろか、かつお出汁《だし》も食べられないといいます。でも大勢で食事をするのに、お店に頼んで一人だけ昆布出汁に変更してもらうのはちょっと不可能に思えます。こんなとき、「そんな要望に応えてくれるところはないよね」とあきらめてしまいそうになります。

でも私の経験では、一定のレベル以上の飲食店であれば、「私たちはプロですから、お客様の要望に応えるのは当然です」と言ってくれることが増えているように思います。

プロフェッショナルの人たちは、１００％以上の満足度を皆さんに提供したいと思っています。難題をクリアすることが自分の喜びでもあるし、やりがいでもあるからです。それに甘えて、相談をするのはアリだと思います。

だから**ダメだと決めつけず、試しに言ってみる**こと。

プロが知恵を絞ればなんとかなることはあります。プロに協力してもらえれば、今までできなかったことが実現できて、ほかの人にはできないおもてなしや気づかいができるようになります。


若い人なら、もっと堂々と相談できるでしょう。

「よくわからないので、失礼かもしれませんが、こんなことってお願いできますか？」

というように。

難しいミッションにぶつかったとき、自分の中で抱え込んだり、あきらめたりしてはもったいない。「どうせダメだろうな」というリミッターを外して、ダメもとでお願いしてみる。きっと「あのとき勇気を出してよかった」と思えるはずです。

POINT

相談する癖をつける

11

人を紹介したら「その後」は追わない

「渡邉さん、こんな人がいたら紹介してくれない？」

このように頼まれたら、できるだけ協力するようにしています。あるいは私のほうから、「この人とこの人が知り合いになったら、こんな化学反応が起こるかも」とピンときたら、押しつけがましくならないように、

「こんな人がいるんだけど、興味があったらご紹介するから言ってね」

と知り合い同士を引き合わせることもあります。

そのときに気をつけたいのが、自分が引き合わせた人たちの「その後」を追わないこと。

彼らが自分を通り越して親しくなると、「私が紹介してあげたから知り合えた人なのに、二人で連絡をとり合っているんだったら、私に一言あってもいいんじゃないの」というように、ないがしろにされた気持ちや不満を覚えがちです。でもそんなふうに「追って」はいけないと私は思います。

一度紹介したら、あとはもう本人同士の問題です。

私自身、いろんな方から紹介の恩恵を受けてきました。だから私が紹介してもらった人

と初めて会うときは、仲介してくれた人に、「先日ご紹介いただいた方と、これからお会いします」というように、報告します。でもその後もずっとその人と会うたびに、「今日も会います」「今日も会います」といちいち報告することはしません。相手の方も煩わしいでしょうから。

ただし**最初の1～2回は、必ず仲介してくれた人に報告したほうがいい**と思います。やはり紹介の労をとった人にしてみれば、「自分の紹介した人を渡邉さんはどう思っただろう」と気になるでしょう。

「私の紹介で商売になったんなら、マージンをちょうだい」と言うような人は論外として、「利他の心」で紹介してくださる方は、決まって人望の厚い方ばかり。そういう方は、自分が紹介した人たちのその後を追いません。私が報告すると、「ああそうなんだ。よかった、いいご縁につながって」と喜んでくださるだけ。私もそんなふうでありたいと思います。

POINT

紹介してもらった人と会ったら、一度は必ず報告する

第2章

相手の気持ちになって行動する

12 顔色、声色、空気、行間を読む

毎日顔を合わせている人や、頻繁に会っている相手であれば、表情や言葉数で、ある程度はコンディションの見当がつくと思います。

朝、出勤してきたときの様子で、「なんだか顔色が冴えないな」「いつも元気なのに、今日は会話が弾まないな」と気がつくこともあるでしょう。

そんなときは、**相手のトーンにこちらのリアクションを合わせるのが基本。**具合が悪そうなときは、とりあえず放っておく。機嫌が悪そうなときも、放っておくのが親切です。急ぎの用事以外は、なるべくかまわないこと（逆にウキウキしているときは、「何かいいことあったの？」と聞いてあげてもいいでしょう）。

地雷を踏んで失敗する人たちは、話しかけるタイミングが悪いように思います。どう考えても今日は疲れてそうだな、機嫌悪そうだな、というときは翌日に話を回します。今聞かなくてもいいことを聞いたりするのは、相手の様子をよく見ていないからではないでしょうか。

調子が悪そうな人は遠くから様子を見るのが基本ですが、急ぎの用件がある場合はそうもいきません。そんなときも、いきなり突撃するのは避けましょう。もし相手が社長や役員などであれば、まずはいちばん近くにいる秘書に様子を聞いてみる。

「今日、いつもとちょっと様子が違う気がするけど、社長のご機嫌どんな感じ？」

「今日、忙しいかな？」

すると、

「え？　全然大丈夫だよ」

「今日はそんなに忙しくないし、機嫌も悪くなさそうだから大丈夫だよ」

と、教えてくれるでしょう。このように**周りの人の情報を参考にできます。**

身近な人であれば、「前日の夜飲みに行った」とか、「週末がお子さんの運動会だった」などの情報があると、疲れ度合いがなんとなくわかります。相手の顔色や声色をよく見て、よく聞いて、対応を変えるのも相手への思いやりだと思います。

POINT

機嫌が悪そうな人はそっとしておく

13 こんな人は疲れがたまっている

職場の仲間が疲れているかどうかは、見た目でもある程度、判断できます。

まず、忙しくて身なりにかまう暇がなくなります。男性なら**髪に寝ぐせ**がついたり、**ヒゲの剃り残し**があったりします。女性なら**いつも塗っている口紅を塗っていなかったり**、髪の毛をセットする余裕がないのか**ゴムで束ねていたり**（きれいに結ってある場合は別）します。

体調が悪いと顔色が冴えないし、声にも張りがない。動作もいつもよりスローモーションになります。ほかにも、**2階に行くのにもエレベーターを使う、目薬をさしたあと目頭を指で揉んでいる、エナジードリンクを飲んでいる**などは明らかに疲れているサインです。

基本的には、機嫌が悪い人への対応と同様、疲れている人のことは、ちょっと放っておきます。もし私なら、**話しかけてくる人の相手をするだけでも、さらに疲れてしまう**と思うからです。

だから折を見て、「大丈夫ですか」「今、疲れてる？」と声をかけます。元気づけたいと思ったら、「よかったら、甘いものでも食べて」と言って、自分の机の引き出しに在庫してあるアメなどのお菓子をあげることも。

相手が多忙を極めていて、直接声をかけるのもためらわれるなら、あえて相手が席を外しているときに、**机の上にお菓子やホッとできそうな飲み物を置いておきます。**そのときは、ただ黙って置くのではなく、

「よかったらアメでも食べて、ちょっと息抜きしてね」「あと少し、がんばって」

というようなメモを残しておく。相手が上司だったら、

「これ飲んでがんばってください。お体、大事にしてください」

というようなメッセージを、付箋などに書いて一緒に置いておきます。

ただしここで大事なのは、**職場の全員に、平等にする**こと。特定の人にばかり気づかいを示すのはトラブルのもとになります。「あの人に気があるのかな」「ゴマすってる？」と思われる危険性もあります。そこだけは、どうか気をつけて。

POINT

アメ1個でもうれしい

14

人を見ず群衆を見る

大勢の人がいる前で、ある人にだけ気づかいを示すことは、かえって当人を困惑させることがあります。

例えばみんなが立ったまま社長の話を聞いているようなとき、貧血なのか、真っ青な顔色の人がいた。その人に、「○○さんっ、大丈夫ですか！」と言いながら、椅子を持っていったとします。

するとその人は、感謝もするだろうけれど、社長の話を遮《さえぎ》ってしまったという申し訳なさや、一同の注目の的になる困惑や羞恥も感じるのではないでしょうか。そういう気持ちも想像できるようでありたいものです。

私ならそんなとき、小声で「ちょっとお話があるので、こちらにきていただけませんか」と言って、別室など少し離れた場所まで移動してもらいます。そこに椅子を用意しておいて、休んでもらう。

こんなふうに**大勢の人がいるときは、常に群衆を意識する感覚を保つ**ことです。

ほかにも立食パーティーで、まだ何も食べていない人に、ピンポイントで食べ物を持っていってあげたとする。この行為自体は素晴らしい気配りです。ところが会場には大勢の人がいて、まだ何も食べていない人もいる。この人たちはどうなるんだ、ということになってしまいます。

だからそんなときは、本当は一人だけに渡したかったとしても、「同じテーブルの皆さんで召し上がってくださいね」と言いながらテーブルに届けます。そうすればその人も箸をつけやすいでしょう。

飲み物なども、その人にだけ持っていくというよりは、ワインやビールの瓶ごと持っていきます。万が一ワインもビールも苦手な人がいたら、「では、何がいいですか？」と聞いて、それを取りに行けばいい。

20人、30人いるようなイベント、レセプション、会議でも、常に全体を見る視点を忘れないようにしてください。

POINT

大勢の中で一人だけ特別扱いしない

15

たまに他人の席に座ってみる理由

私はオフィスでほかの人の席に座ってみることがあります。

すると見慣れたオフィスでも、自分の席からは見えない景色が見えて、とても新鮮。

「この人の席からはホワイトボードがこういう角度で見えるのか」

「ここからは来客があっても、姿が見えないんだな」

「西日がパソコンの画面に反射して見にくいな」

などということがよくわかります。

長い間、当たり前のように壁にかかっているカレンダーでも、上司の席からだと、全然見えなかったりします。

そんなときに私は、みんなにこう言ってみます。

「ちょっとこの席の近くに座ってみて。あのカレンダーって見やすいと思う？」

「ああ、ちょっと位置が下すぎますね」

「じゃあ、ここに置いてあるファイルって、すぐ手が届く？」

「いや届かないですね。いちいち立つか、誰かにお願いしないと」

「そうでしょう。だからいろんなものを、ただ置いておけばいいわけじゃないの」

こんなふうに、その席に座って初めて見えてくるものがあります。

「相手の立場に立って考える」とか、「他人の身になって考える」とか、言葉で言うのは簡単ですが、実際は**想像力にも限界があります。**

それを知るためにも、**実際に自分で体験してみる。**ほかの人たちの身になって考えたうえで、初めて心地よい環境づくりができるのだと思います。

英語で他人の身になって考えることを、"Put yourself in somebody's shoes"と言うそうですが、「他人の靴に自分の足を入れてみる」ことでわかることは多いのです。

そういう目で見れば、改善すべき点はたくさん出てくるでしょう。

POINT

たまには他人の立場を経験してみる

16

サポートは3方向から

私の考える秘書の基本的なサポートには「3方向からのサポート」があります。
まず**「下から支える」**。
次に、**「横から支える」**。
最後に**「上から支える」**。
どういうことか、順番に説明していきましょう。

下からのサポートというのは、部下が上司を支えるようなイメージです。スケジュール調整をする、コピーをとりに行く、議事録をとるなど基本的なことで、その人の土台を支えるようなサポートです。

横からのサポートというのは、友達のようにその人と対等な立場で寄り添うサポートです。健康を気づかう。元気がないときに励ます。ちょっと疲れているようなら、今日は話しかけるのをやめておく。二日酔いみたいだったら、お水を持ってきてあげる。忙しくてお昼も外に出られないようなら、「私、今からご飯買いに行きますけど、ついでに○○さんのぶんも一緒に買ってきましょうか」と声をかけてみる。このようなサポートです。

上からのサポートというのは、おこがましいのですが、その人の親や先生になったつもりで**本人の不得手なところを引き上げるサポート**です。

字があまり上手でない人なら代筆してあげる。二人で取引先を訪れたけれど、その人が内気で人と話すのが得意でないなら、自分がトークを担当するなど。

3方向からのサポートをするのは誰が相手であっても同じこと。上司を上や横からサポートしてもいいし、部下を下から支えたっていいのです。そういうふうに考えてみると、意外とできることはたくさんあると思います。人が変われば求めるサポートも全然違うので、どの方向からサポートできるかは、相手との関係によって変わるでしょう。

最初から3方向全部を完璧にする必要はありません。自分は今何ができるかを考えて、できるところからやってみてください。

POINT

上司を上からサポートしてもいい

17 「上からのサポート」をするには、その人の短所に注目すべし

さきほど3方向からのサポートの話をしましたが、「上からのサポート」は難易度が高いと思ったかもしれません。でもこれが意外と簡単で、**相手の短所に注目すればいい**のです。

「人の短所よりは、なるべく長所を見ましょう」

私たちは学校や家庭で、こんなふうに教わってきました。しかしビジネスの現場において、1分1秒でも早く相手をサポートするには、その人の短所を見抜くことが大事です。

こう言うと、「なんだか意地悪では?」と思うかもしれません。でも**その人が苦手なことや弱点がどこかをいち早く探しあてて、そこをカバーしてあげると、ツボを心得た的確なサポートができます。**

逆の立場だったらと考えてみてください。自分が困っているとき、すぐに手を差し伸べてくれた人とは距離が縮まるし、信頼関係を築くことができるでしょう。

もちろん、「○○さんって、こんなこともできないんですね! 貸して、私がやります」というような言い方をしないことは大前提。

私は「新しい部署で、周囲の人たちの役に立つにはどうしたらいいか、まだわからなくて」と相談されることがあるのですが、そんなときはこんなふうにアドバイスします。

「言葉は悪いかもしれないけど、隣にいる上司や目の前にいる先輩の、なんだか苦手そうなものとか、弱点を一つでも多く探してみて」

具体的には次の項で説明しますが、その人を興味を持って観察していれば、「あっ、ここは私のほうが少しはうまくできるな」ということが二つや三つは必ず見つかるもの。

パソコンの設定が苦手、スマホの使い方がわかっていない、字が汚い、忘れ物が多い、方向音痴など。そこをさりげなくフォローすると、「わあ、助かる！」「この人は気が利く」と思ってもらえます。

「何か私でお役に立てることはないかな」という観点で、周囲の人たちをじっくりと観察してみてください。

POINT

目の前の人の苦手をフォローする

18 周囲の人たちの弱点カバーはこんなふうに

前項では、周囲の人たちの短所に注目して、そこをフォローしよう、という話をしました。では、具体的にどんなふうにすれば、喜んでもらえるのでしょうか。

まずは、**自分の特技や得意分野を生かすことで、周囲の人たちに貢献できないかを考えてみましょう。**特技といっても、高度なものでなくてもいいのです。

- 地声が大きいので、混んだお店でも「すみません」と言えば、店員さんにすぐに気づいてもらえる
- 人の顔と名前を覚えるのが得意
- 簡単な日常会話なら外国語ができる

といったことでも十分です。

こんな特技が生かせそうなら、ぜひ自分から手を挙げて「やります」と申し出てください。

ほかにも例えば、同僚が方向音痴だとします。今はスマホで位置情報を確認できますが、スマホがあったとしても道に迷うとか、地図を読むのが苦手な人もいます。そんなときスッと手を差し伸べられるとスマートです。

来社予定の方が道に迷っているようなら、電話で「その角を曲がって……」とくだくだしく説明するよりも、自分がその場まで出向いて案内したほうがいい場合もあるでしょう。

字が下手で、手書き文字に劣等感を持っている人もいます。例えば訪問先の受付で社名や名前を記入するような場合であれば、仮に自分も字が下手だったとしても、「先輩のぶんも書いておきますね」などと言って、代筆を**さりげなく申し出ます。**

ほかにも、「腰が痛い」という人がいたら、重い段ボール箱を運んであげる。

背の低い人なら、高いところにあるものを取ってあげる。

目が悪い人のために拡大コピーをとるなど、できることはたくさんあります。

POINT

積極的に手を貸す

19

言いにくいことを指摘する

職場で目の前にいる人の胸元に、乾いた**ご飯粒がついていることに気づいてしまった**とき。あなたならどうしますか？　このまま外に出たら本人が恥をかく。でも指摘しにくい……。

あるいは男性の**ズボンのファスナーが開いている**のが目に入ったとき。**肩にフケが落ちている**のを見てしまったとき。

対応に迷ってしまう瞬間です。

こんなとき、いちばんおすすめなのは、**自分で気づくように仕向ける**こと。

女性が女性に言うなら、「お化粧直ししてきたら？」。

相手が異性の上司なら、「そろそろお出かけの時間ですけど、もしかしたらお時間ギリギリになるかもしれないので、今のうちにお化粧室に行っておいてくださいね」。

このように言ってトイレに行ってもらう。ご飯粒やズボンのファスナー程度なら、これでだいたい解決します。

相手が超ＶＩＰなら、秘書同士で連携して、相手の秘書の方に一芝居打ってもらうことも。

「すみません。今、急にアポイントが入りました。次のアポイントまでほとんど時間がないので、おそらくこのあとは、トイレに行く時間がなくなってしまいます。今のうちにトイレに行ってください」

と強制的にトイレに行ってもらうこともあります。これは役員秘書クラスの裏ワザですが、知っておいてもいいかもしれません。

あるいは自分が言うのではなく、その人と仲良しの人や、**同性に言ってもらう**という方法もあります。異性に言われるよりは恥ずかしくないのではないでしょうか。

スーツの肩にフケがたくさん落ちている人には、私なら「ちょっとゴミがついてますよ」と言って教えてあげるでしょう。あるいは親しい人なら「あ、糸くずみたいなのが……」と言いながら、素早く手でサッと払ってあげることも。**「フケ」という言葉を使わない**のがポイントです。

POINT

そのものズバリを指摘するのは避ける

20

緊張している人には、失敗談を話して和んでもらう

20代の人と、一緒に食事をすることになりました。相手は仕事がらみの会食自体が初めてで、ガチガチに緊張している様子。**こんなとき私は自分の若い頃の話をします。それも失敗を笑い飛ばすような自虐ネタが多い。**

「こんなこともあったよ」と言うと、「え、うそ。信じられません」と言って笑って、リラックスしてくれます。

秘書という仕事をしていると、「もともと、きちんとしている人なんだろう」「生まれつきのしっかり者に違いない」と思われることが多いのですが、本当はそんなことはありません。だからこそ失敗談を話すと、すごく距離が縮まっていくのです。

「だから失敗も捨てたもんじゃないから、心配しないで。落ち込まないで大丈夫。失敗も経験のうちと思ってがんばってみたら、私みたいに神経が図太くなるかも」

というように、**励ましとともに失敗談を語ることが、いちばん後輩を勇気づける**ような気がします。

また、年下の相手と話すときは、**「最近、何が流行っているの？」**と私から聞くことがほとんど。

「私、漫画って全然読まないんだけど、今は何が面白い？」

というように、漫画好きな人には漫画のネタを振る。

韓国美容が好きな女子には、

「この間も韓国に行ってきたんでしょ？　今はどういうコスメが流行ってるの？」

と言って詳しく話してもらいます。

私自身は正直言って、漫画やアニメにはそこまで興味がないけれど、相手が好きなものについて話してくれるのを聞くのは面白い。

自分の話ばかりするよりは、年下の人に話してもらうほうが場も和《なご》むのではないでしょうか。

POINT

相手の興味があることを話してもらう

21 相手のためでも、「私がそうしたいから」と言って提案する

もうおわかりだと思いますが、言い方一つで、相手に与える印象はずいぶん変わります。

例えば人の仕事を「私がついでにやりますよ」と言いたいとき。言い方次第では恩着せがましかったり、「どうせあなたには無理だから私がやる」というニュアンスで受け取られたりします。

相手に気をつかわせたり傷つけたりしないためには、**本当はそうでなくても、「自分がしたいからするのだ」という言い方をします。**

例えば仕事相手に資料を見てもらうとき。その人はデジタル機器の操作が苦手なので、紙の資料のほうがよさそう。でもその人は自分から「紙に印刷してほしい」とは言い出さないタイプ。そんなとき私はあえて、

「あの、これって、デジタルのほうが、かえって時間かかりませんか？　私は紙のほうがわかりやすいので、印刷しますね」

などと言って、紙に変えたりすることもあります。

あるいは、自分一人だったらタクシーに乗るようなときでも、一緒にいる人の懐具合が寂しそうだったり、先方の会社が経費節減中でタクシー代が出なかったりするようなら、

「私、運動不足だから、よかったら駅まで歩きましょうよ」

「このへんにあまりきたことがなくて、ちょっと周りも見てみたいから、お散歩がてら歩きましょうか」

などと言って、歩いていくことを提案します。

また、字が上手でない人が手書きで手紙などを書いているときは、

「私も書くので、ついでにやっておきましょうか」

と声をかけます。

ポイントは、「私がそうしたいから、そうしますね」という言い方をすること。

そうすることで押しつけがましくならずに済むし、言葉にしなくても「お互い様」の精神が循環して、いい人間関係が構築されてくる。そうなると結局は仕事もはかどります。

POINT

「あなたのために、してあげます」とは言わない

22 忙しいときほど、人の話を丁寧に聞く

どんな職場でも、目が回るほど忙しいときがあるものです。こんなときは焦燥感にかられて余裕がなくなり、対応が不親切になったり、冷たい言い方をしてしまったりしがちです。

こんなとき私は、**あえて忙しくない素振りをすることがあります。**内心では「もう無理！」と叫びたいくらい忙しくても、誰かがきたら、「はい、何ですか」とゆっくりと体全体で振り向いて、相手の目を見て、できれば微笑みます。

同じ会社の人なら事情を知っていることが多いので、「今、忙しいよね」と遠慮がちに話しかけてくれる人がいますが、ぶっきらぼうに声をかける人もいます。でも私はどちらの場合でも、「大丈夫ですよ。なんでしょうか」と言って、用件を話してもらうようにしています。**話を聞くだけなら、いくらも時間はかかりません。**

丁寧に相手の話を聞いたら、「実は今、ちょっと立て込んでいるので、お急ぎですか？お急ぎじゃないですか？」と確認します。

そして相手の急ぎ具合と自分のスケジュールに応じて、だいたいの「納期」を計算し、「それなら、○○日頃になります。それでもいいですか？」と確認する。

それでいいなら「ではお預かりします」と言って依頼を受け、ダメだったらほかの手段を考えてもらいます。

このように心がけていたら、

「渡邉さんはすごく忙しいときでも助けてくれました。あのときは助かりました」

と言われたことがあります。その人こそ、私が何かお願いすると、忙しくても助けてくれた人でした。自分が助けたつもりでも、最終的には助け合いになるのです。

本当に忙しいときは、相手の話もろくに聞かずに、「今、忙しいです」と突き返したくなります。でも忙しさをアピールするのではなく、むしろ忙しさをちょっと脇に置いておく。最初からNOではなく、まずはいったん話を聞く余裕を忘れずにいたいものです。

POINT

すぐに断らず、いったん聞く

23

間違いを指摘するときは、自分を落とす

「これ、全然違う」

こんなふうに突然言われると、ビックリしてしまいますよね。

仕事であれば間違いは必ず指摘しなければならないし、指摘することでミスを未然に防げて、感謝されることも少なくありません。しかし、ときに指摘は「非難」にも通じやすいもの。できればやわらかく、温かく伝えたいものです。


「この人はプライドが高いから、下から丁重に言ったほうがいいかも」

「まだあんまり関係性が築けていないから、ズバリ指摘したら角が立ちそう」

というときの奥の手として知っておきたいのが、**一回自分を「落とす」**こと。

例えば相手が、重大なことをこちらにまだ伝えていないことに気づいていない場合。

「私、最近本当に物覚えが悪くて、忘れっぽくなっちゃって。きっと言っていただいたと思うんですけど、すみませんがもう一回、日時と場所を教えていただけますか」

あるいは先輩が作成した書類をチェックしていて、「ここはなんだか間違っていそうだ

な」というところが見つかったとき。

「すいません、私、なかなか理解できなくて、ここ、質問してもいいですか？　『会社員は国民健康保険に加入する』って書いてあるんですけど、どういう意味ですか」

このように聞きます。

相手は説明しているうちに、自分で間違いに気づくことがほとんどです。それでもまだ気づかないようなら、「ああ、そうなんですね、わかりました」と言いながら、「そうか、私は国民健康保険に加入するのは自営業者だと思ったんですけど、そうじゃないんですか」と念を押すという手もあります。

明らかに間違っている場合は、変な理由をつけるよりはダイレクトに、「あれ、なんかこれ違いませんか？」と言ったほうが時間の短縮になることもあるでしょう。大事なのは、「間違っている」と断定しないこと。「もしかしたら自分が間違っているかもしれない」という視点を忘れないようにしたいものです。

POINT

「相手が間違っている」と決めつけない

24

効きすぎクーラーや、乾いた温風の直撃から守ってあげよう

相手が今寒くないか、暑くないかを気づかうことは、比較的すぐできる気配りの一つ。相手の身になって察する癖をつけましょう。

真夏のかんかん照りの中を汗だくで歩いてきて、冷房が効いたお店に入ると、なんとも気持ちよく感じます。でも入ったときに「ああ涼しい」と感じる温度設定は、実は低すぎ。数分もすると体が冷えてきてしまいます。

基本は自分の体感を基準にするのではなく、相手の立場になって考えること。

「自分がこんなに暑いんだから、相手も暑いに決まっている」では想像力がありません。猛暑になればなるほど、エアコンの設定温度は低くなります。オフィスからお店までクルマで直行してきたような場合は、体が冷えすぎている人もいるでしょう。あるいは健康のために夏でも体を冷やさないように、温かいものを飲むようにしている人も少なくありません。

「外はこんなに暑いけれど、この人はもしかしたらずっとクーラーの効いたところにい

て、体が冷えているかも」「今日はすごく暑いから、朝から冷たいものばかり召し上がっているかも」と想像力を働かせて、気づかいの一言をかけましょう。

「エアコン、大丈夫でしょうか。効きすぎてませんか？」

「冷たいお茶だけでなく温かいお茶もありますが、どちらになさいますか？」

など。

飲食店では、お店の人が注文をとりにきたタイミングで、「温度を調整してもらえますか」とお願いすることは大事です。

季節が変わって、冬の暖房の乾いた風がずっと顔に当たっているのも不快なものです。**たとえ自分のところに風がこなくても、先方にだけ風が強く当たっている場合もあります。**

「調節しましょうか？」

という一声をかけると、先方も言い出しやすくなるでしょう。

POINT

暑い、寒いは相手基準で

第 3 章

コミュニケーションがスムーズにいく方法

25

外見から「人となり」を読み取る

私はよい気配りをするには、相手を熟知することが欠かせないと考えています。**相手の体質や好み、生活パターンや仕事の内容などを知れば知るほど、その人に合わせた具体的な気配りが可能になる**からです。

しかし相手を知るにはある程度時間がかかります。初対面の方を質問攻めにしては失礼ですし、1対1でゆっくりお話しする時間がとれないこともしばしば。

そんなとき私は、**外見からできる限りの情報を吸収しようと努めます。**

例えばどんな服装をしているかでも、その人のライフスタイルや生活信条や好みは透けて見えるもの。

今はビジネスシーンでも服装がカジュアル化していますが、いつもスーツを着ている方もいる。そういう人がいたら、「いつもスーツということは、何か堅い職業についている？　あるいは会社がそういう方針なのかも」と頭にインプットします。

それから髪型や髪の毛の色もヒントになります。今は男女を問わず、髪の毛を伸ばしたり、個性的なカラーリングをしている人をよく見ます。しかしこの髪型や髪の色はちょっと自由な自己表現をしている印象があるので、「営業系ではないだろうな」「ファッション関係かな」と想像します。

また男性のアクセサリー着用も今は普通になりましたが、やはり仕事中にアクセサリーをつけても許される職業は、美容師やファッション業界、自営業などに限られているかもしれません。

こんなふうにして**観察した結果、いろいろなことを想像してみると、それが相手を理解する手助けになります。**

必ずしもそれが100%合っているわけではないですが、相手に合わせた気配りをするための、ちょっとしたヒントにはなるのではないでしょうか。

POINT

「さりげなく観察し、想像を巡らせる」

26

会話から相手の情報を引き出す

見た目から「人となり」を想像すると同時に、**可能なら相手と会話をして、その人の情報をどんどん引き出していくといい**でしょう。

例えば、「今日は平日ですけど、カジュアルな格好ですね。会社はカジュアルOKですか」と聞いてみる。

それに対して「そうですね。人と会わないときはこんな感じですけど、会議など改まったときはスーツですね」と言われたら、「スーツをお召しになる機会があるんだな」と心の中でメモ。

さらに「今はクールビズの企業が多いですが、ネクタイを締める機会はおありですか」と聞いて、「まったくないですね」と言われたら、「かしこまったビジネススタイルではなく、オフィスカジュアルな感じが好きなのかも」と覚えておく。

あるいは「ネクタイ、たまにしますよ」と言われたら、「もしプレゼントを贈る機会があれば、ネクタイやネクタイピンもいいかも」とインプットする。

このように、洋服というキーワード一つで、いろいろと見えてくるものがあります。

家族構成やライフスタイル、趣味嗜好についても、差し障りのない会話から十分ヒントを得ることができます。

例えば、「お食事は、外で済まされることが多いですか」と聞いたとき、「そうなんですよ、会食が多くて。だからそれ以外のときは、なるべく家で家族と食べるようにしています」と答えてくれれば、なんとなく結婚していて、お子さんもいるようだとわかるでしょう。こんなときご本人は、会話から自分のいろいろな情報を吸い取られているとは気づいておらず、ただの雑談のように思っています。

そういったことがヒントになって、手土産なども選び方が変わってきます。

ただしこのとき気をつけてほしいのは、こちらから、「結婚していますか」とか、「お子さんはいますか」と、プライベートについてダイレクトな聞き方をしたり、根掘り葉掘り聞いたりしないこと。あくまでも**周辺の会話から探っていき、先方にしゃべってもらう**ようにします。

POINT

雑談は情報収集の絶好のチャンス!

27
人との距離を詰める鉄則は「じりじりと」

あなたは知り合ったばかりの人と、すぐに距離を詰めたいと思うタイプでしょうか。それともしばらく相手を観察してから、向こうの出方次第で自分の対応を決めたいタイプでしょうか？

私は知り合ったばかりの人とすぐに仲良くなるよりは、とりあえず相手とのベストな距離を模索する期間があったほうがいいと思っています。

人との距離をどの程度とるかは、人によって千差万別だからです。家族ぐるみの濃い付き合いが好きな人もいれば、仕事とプライベートを厳密に分ける人もいます。

社交的な人は、「わっ、いい人！」「気が合う！」と思ったら、すぐに距離を縮めたくなるかもしれません。でも、最初は適度な距離を置くに越したことはありません。

例えば、相手の最寄り駅や家族構成など、プライベートについて知りたいと思ったとします。でも、いきなり「結婚しているんですか」「子供はいるんですか」と聞くと、相手はぎょっとしてしまうかもしれない。

例えば食事をしながら、

「このお味噌汁、麦味噌で出汁が効いていておいしいですね。九州地方のものですね。私は名古屋出身なので昔から八丁味噌をよく使いますけど、○○さんはどんなお味噌汁になじみがありますか？」

と聞いてみる。

「ご出身はどちらですか？」

と聞いてもいいのですが、こちらのほうがよりソフトな聞き方でしょう。

人間は関係が近くなると息苦しさを覚えるものです。相手のことをよく知らずに急接近すると火傷《やけど》する可能性もある。

それにもしも相手が自分のペースを守りたいタイプだとしたら、一気に距離を縮めようとすると、驚いて心の扉を閉めてしまうかもしれません。

ビジネス上の知り合いであれば、特に慎重であるべき。十分な親しみを表明しつつ、まずは遠くから、じりじりと歩み寄っていくくらいの心構えでいきましょう。

POINT

距離を開けすぎず、かといって詰めすぎず

28 相手について質問する前に、まずは自己開示

知り合ったばかりの人には、じりじりと歩み寄っていくのがおすすめですが、ただ話しかけられるのを待っているだけでは「自分に興味がないのかな」「好かれていないのかも」と誤解されてしまうかもしれません。

そこでおすすめなのが、**「自己開示したあとで、相手について質問する」という話し方**です。いきなり質問するのではなく、まず自分のことから言ってみる。

例えば、

「最近ちょっと暑くなってきたから、食欲が落ち気味ですよね。でも体力をつけなければいけないから、どこそこのそうめんを買って食べてみたら、すごくおいしかったんですよ。○○さんは、そうめん好きですか？」

このように**「自分の情報を言ってから、相手について聞く」**という話し方をします。

すると、相手は「そんなにおいしいそうめんがあるのか。自分はそうめんを最後にいつ食べたかな？」と自分についてちょっと考えます。そのあとに「そうめんは好きか？」と

聞かれるので、話す準備ができます。

すると、

「そうですね。僕は麺類ならなんでも好きですけど、そうめんよりはラーメンのほうが好きかな」

などと答えやすくなります。

そうしたら、今度はラーメンを話題にして雑談を展開していく。このようにして、相手との距離を短くしていきます。


とにかく、急になれなれしくしないこと。かといって、向こうが親しく接してくれているのに、いつまでもこちらが鎧《よろい》を脱がないのもよくない。

基本は「相手に合わせる」と覚えておいてください。

POINT

「私は〇〇ですけど、あなたは？」構文をマスターする

29

自分のことを話しすぎると、相手へのプレッシャーになることも

さきほど「自分のことを話してから、相手に質問するといい」と言いました。

しかし相手が話したくないことまで、知らないうちに自分が先に洗いざらい言ってしまうと、相手にプレッシャーをかけるおそれもあります。

例えば、

「私は○○の生まれなんですけど、△△さんはご出身はどちらですか？」

などと言うと、「いや、自分はそこはあまり言いたくないのになあ」と思われてしまうかもしれません。

経営者同士の会話を聞いていると、「家庭のことはあまり話したくないんだろうな」という方がいます。例えばAさんには奥様と2人の息子さんがいるけれど、Aさんは息子さんの話はしても、なぜか奥様の話を一切しない。

ある方が「Aさんはいつも顔色がよくて若々しい。奥さんの健康管理のおかげでしょうね。奥さんもきっと若々しくて美しいんでしょうね」とほめると、「ハハハ」と笑うだけ。

すぐ別の話題に移ります。

人にはやはり踏み込んではいけない領域があるのだと思います。どこが立ち入り禁止なのかは人それぞれだし、自分の感覚が人とは違うことも多い。人と会話をするときは、まずは相手から聞いたこと、話してくれたことだけを受け入れて、そこを深掘りしていけば間違いないでしょう。

もしも話題を変えて違うジャンルの質問をするときには、本当にそれが差し障りのない話題かどうかを頭の中で確認してからにします。

「これじゃ、おちおち質問もできない」と思うかもしれませんが、仕事に関する質問なら、あまり気をつかうことはありません。「会社の中でどんなことをやっていますか」とか、「どんな部署がありますか」というような質問は、オフィシャルな情報なのでＯＫ。やはり慎重になるべきは、その人のプライベートに関わる質問です。

POINT

「プライベートな話題は相手が話したいときだけにする」

30 まずはいったん受けとめる

当たり前ですが、人それぞれ考え方は違います。**いろいろな人たちとうまくやっていくには、一人でも多くの人の話を聞いて、それを否定するのではなく、まずいったん受けとめることが大事**だと私は思います。

受けとめるというのは、「違うな」と思ったときにすぐに「それは違います」「私はそうは思いません」と反論するのではなく、ただ「こういう人がいるんだな」「こういう考え方もあるんだな」と思うことを指します。別に相手の考え方に賛成したり、共感したりするわけではありません。

いろいろな人の考え方をすべて理解するのは難しいし、不可能だと思います。でもいったん受けとめることなら、誰にでもできるでしょう。

否定してしまったら、その人の身になって相手を気づかうことができなくなります。それこそ独りよがりの、自分がよかれと思う対応しかできなくなるのです。

もちろんプライベートで周囲の人たちに対し、そこまで寛容になるのは厳しいかもしれません。しかし仕事となれば、気持ちを切り替えてプロに徹することもできるのではないでしょうか。おそらくこの心構えは、どの仕事にも通ずるものであり、社会人たるもの、ここは乗り越えていかなければいけないところだと思います。

まずはいったん自分の思考や思いをシャットダウンして、目の前の人について、一つでも多くのことを知ろうとしてみる。

どんな相手であっても、「そうですね」「そうだよね」と否定せずに話を聞いていると、相手も安心感を持ち始めます。そうなると少しずつ表情がやわらかくなったり、心を開いて思っていることを断片的に話してくれるようになったりします。

まずは自分を無にして、目の前の人を全身全霊で受け入れる。とりあえず話を聞く。相手の言うことを肯定するのが難しかったら、ただ頷《うなず》くだけでOK。でも本当にそうだなと思ったら、「そうですね」と言葉に出してみる。

これが相手を知る第一歩です。どういう気配りをするかを考えるのはそのあとです。

POINT

目の前の人に全集中する

31

男女の特性を把握して接する

気配りの基本は相手の立場に立って考えることですが、自分とは性別や年齢も違う相手の場合、なかなか想像がつかないところがあります。

そこであくまでも一般的な傾向として知っておきたいのが、性別ごとの特性。

例えば男性はロジカルで、女性は感覚的という話を聞いたことがないでしょうか。

もちろん女性にもロジカルな人は大勢いるし、男性にも感性の鋭い人は少なくありません。したがって決めつけは厳禁ですが、私の経験からすると、資料をつくったり、説明をしたりするとき、**相手が男性のときはロジカルに、女性が相手のときは感覚的にアプローチすると、すんなり納得してくれることが多い**ようです。

男性に向けて何か説明したり資料をつくったりするときは、情報量を多くします。「消費量が増えた」「この商品が売れている」などと言葉で伝えるだけでなく、具体的にどれくらい増えたのか、どの程度売り上げが伸びたのかという詳しい数字を入れる。

あるいは、「過去に同じようなことがあった同業他社の例」や、「そのシステムを導入している企業名」など、現実味のある具体的なエビデンスを入れると説得力が増します。
一方、すべての女性がそうだというわけではありませんが、女性は小さい文字がぎっしり書いてあると、読む気を失ってしまう傾向があります。なので、それよりは写真やイラストなどで視覚的に訴えたり、キャッチコピーなどで感覚的に「あっ、いいな」と伝わるものを多めにします。そこで興味をひいてから、細かいことは口頭の説明で補足します。

経営戦略など、数字が重要な資料や提案の場合は、相手が男女どちらであろうと数値や説明を入れなければいけませんが、内容によっては男性向けか女性向けかを意識してもいいかもしれません。

もし対象が男女半々だったり、男女の割合が不明なときは、どちらかに偏ることなく、中間をとればいいと思います。つまり、あまり文字を詰め込みすぎず、最初は簡潔に説明をする。そしてそのあとに、具体的な数字を口頭などで説明していくのがいいでしょう。

POINT

エビデンス重視派か、感覚派かでアプローチを変える

32 知らない人と世間話をする

私がいつも心がけていることの一つに、「店員さんと世間話をする」ということがあります。コンビニの店員さんや、ふらりとお茶を飲みに入ったカフェの店員さんも、コミュニケーションの相手だと思っているのです。

コンビニで、ただ買い物をしてお釣りをもらって無言で去るのではなく、「ありがとう」の一言でもいいので、何か会話につながるような努力をしてみる。すると、**いざというときにいろんな人と抵抗なく話せるようになる**ものです。

最近、コンビニの店員さんには海外の方が多いので、「日本語がすごくお上手ですね」「いつから日本にいらっしゃったんですか」「どちらの国の方なんですか」などと話しかけてみると、すごくうれしそうにお話をしてくださいます。

バーやお寿司屋さんのカウンターの中にいる人たちは、お客さんを会話でもてなすプロでもあります。だからカウンターに座ったら、ぜひこちらから話しかけてみてください。

私が人生の師と仰ぐ人から言われたのは、**「カウンターに座ったら、携帯はしまってお**

きなさい」ということでした。カウンターはお店の人との世間話を楽しむ場所でもあるので、そこで携帯やスマホをいじっているのは無粋であり、マナー違反です、という意味でしょう。

実は私はいまだに一人でご飯を食べるのが苦手で、カウンターよりはテーブル席に座って、スマホをいじることで手持無沙汰を解消してしまいがちです。でも、勇気を出してカウンターに座ってお店の人と話すと、「なんだか意外と話せるものだな」と思うことも少なくありません。

カウンターの中の人たちは、お客さんとの距離を保ちつつ、会話をつなげるのがとても上手です。こちらが話したいときは近くにいてくれるけど、ちょっと話しすぎたかな、という空気になると、すっと姿を消す。そしてこちらの飲み物が少なくなってきたら、また戻ってきて、「おかわりはいかがですか」と言いながら会話を続けたりする。そういう間のとり方や距離の保ち方は、やっぱりプロだな、と思います。このプロの方々から、学ぶところは多いと思います。

POINT

カウンター席に座ってみる

33

いったん言葉を飲み込んで、相手の話に耳を傾ける

「わりとおしゃべりなほうだ」「早口でよく聞き返される」という自覚のある人は、話す前にほんの数秒、間をとる癖をつけるといいかもしれません。

何か言いたくなっても、いったん言葉を飲み込んでから話すようにすると、思わぬ失言も未然に防げるという効果があります。

仕事においては、断じて驚きを顔に出してはいけないときがあります。

例えば、ある人が「相殺」という言葉を「そうさつ」と大きな声で読み上げたとしましょう（正解は「そうさい」です）。そんなときは思わず「えっ」と言ってしまったり、一瞬眉をひそめたり、仲のいい人と目配せを交わしたりしてしまうかもしれません。

また、大皿料理から自分のぶんを直箸で取った人がいた。そのときに「あっ」という短い一言を発したり、ハッと息をのんだりしてしまうかもしれません。

でもそのリアクションが、その場の空気を壊すことになります。そんな空気を察した本人も、「あれっ、何か変なことしちゃった？」と、動揺してしまうでしょう。

こういうときでも顔色一つ変えず、**まるで何事もなかったかのようにスルーするのが気配り**というものです。誰かが場違いなことを言ったりやったりしたときも、「知らん顔」をするのが正しい。

でも、何があっても顔色一つ変えないようにするのはなかなか難しいものです。内心はどんなにぎょっとしても、能面のように表情に出さないなんて至難の業。その域に達するまでには、やはり人生経験を積むしかありません。

また、何か注意されたとき、謝罪の言葉を言う前に、つい言い訳をしそうになることはありませんか。そんなときもいったん言葉を飲み込んで、相手の話に耳を傾けることが大切です。

何か言う前に一呼吸おく習慣をつけたいものです。

POINT

早口の自覚がある人は、話す前に一呼吸おく

34 人に語れるトピックを用意しておく

初対面の人と話すときは、政治や宗教、スポーツなどの話題は避けたほうが無難だと言われています。政治的な信条が対立したり、自分の応援しているスポーツチームが相手の応援しているチームと首位争いをしていたりすると、対立構造が生まれてしまうからです。かといって、いつもあたりさわりのないお天気や時事ネタばかりでもつまらない。もっと内容のある話をしたいと思ったことはないでしょうか。

私なら、**相手が興味を持っていることや、その人が自分に対して何を聞きたいのかを想像します。**

例えば相手がまったく違う業界の人で、自分の業界についてヒアリングしたいかもしれないと思ったら、そういうトピックをいくつか用意しておきます。

また、プライベートだったら、「その人はたぶん知らないだろうけれど、自分は知っているだろうこと」を用意する。

とはいえ、こちらから積極的に「私、こういうことやってまして」とアピールするというよりは、**聞かれたら話したり、話の流れからプチ情報として伝えたりする程度でいい**でしょう。

テーマは、何でもいいと思います。アニメ、電化製品、食、ゴルフ、アート、話題の本についてなどなど、いろいろ考えられるでしょう。

私は先日、「手先が器用な人」について雑談をしていて、こんな面白い話を聞きました。「外科医の卵はピンセットで持った針をタオルに刺して縫合の練習をするそうです。でも、今はAmazonでも『医療関係者向けの縫合練習キット』というものが売っています。肌色のゴムみたいなものに針を刺して縫う練習ができるみたいです」

一人の人間が得られる知識は限られています。男性は女性が詳しい情報には疎かったりしますし、その逆もしかり。

自分がすごく得意とすること、そのときにいちばんホットなこと、大好きな分野についてのトピックをいくつか持っておくと、どんな人とも共通の会話の潤滑油になります。

POINT

自分の好きな分野が会話のネタになる

35

自分の当たり前は相手の当たり前ではない

私はよく初対面の人たちが集まる食事会に呼ばれます。そこで自己紹介をすると、ほぼ100％の人が、秘書という職業について目を輝かせて質問してくれます。

「秘書の方って、やっぱり女性が多いんですか？　男性はいないんですか？」

「秘書になるには、資格がいるんですか？」

皆さん想像以上に、秘書という職業に興味津々なのです。私が秘書についていろいろなお話をすると、

「時間が足りなかった。もっと聞きたい」

と言われることも珍しくありません。

私にとって秘書は日常そのもの。しかし世の中の多くの人は、秘書に会ったこともないし、会社の中にいても接点がないから、ただ遠くから見ているだけだったりする。**自分の当たり前が、相手にとっては全然当たり前ではない**ということに、毎回驚かされます。

この事実からわかるのは、**初対面の人との会話では、自分のことを話すだけで相手に**

とっては興味深いことが多いということです。「私の話なんか、つまらないに決まっている」と自分で勝手に決めてしまっていることはたくさんあると思います。でも、背伸びをして難しい政治経済について話すよりは、自分が興味を持てることや自分の専門について話すほうが喜ばれるのです。

うまく伝えようとする必要はありません。**思いを伝える機会をもらえたことに感謝して、素直に対応すればいい**のです。言葉が出てこないとか、詰まってしまうとか、人見知りだとか、全然気にしなくてかまいません。

自分が話していて楽しくなること、自分が楽しく学んだことを、覚えておいてください。いろいろな人と話していくうちに、少しずつ「人はこんなことに興味を持って聞いてくれるんだな」という気づきが増えてきます。

そうすると会話が途切れたときなど、「実はこの間、こういう方とお会いしたときに、こんなことを聞きました」というように、自分から話題を提供できるようになっていきます。

POINT

「こんな話題つまらないよね」と決めつけない

36

座る位置は、相手に決めてもらう

言うまでもありませんが、応接室などに通されたときは、「お掛けください」と言われるまでは腰掛けないのが正式なマナーです。

基本的には立って待っていますが、案内の人が「お掛けになってお待ちください」と言ってくれれば、入口にいちばん近い席に浅く腰掛けて待つこともあります。そして面会の相手が入ってきたら、素早く立って出迎えます。

私は初対面の方と会うときは、100％、自分から先に座りません。まずは相手の方に、「どちらに座ったらよろしいでしょうか」と聞いてから座ります。 そうやって相手に決めてもらった位置が、その人が話すときにいちばん落ち着くベストな場所だと思うからです。

「えっ？　普通は相手の正面に座るものじゃないの？」と思うかもしれません。確かに会議室や応接室などでのミーティングはそれが一般的でしょう。

でも私は「はじめまして」の面談や、ちょっとした顔合わせ、会食などで1対1の場合は、必ずしも面と向かって座るのがベストではないと思います。

では、どういう座り方がいいかというと、テーブルやカウンターの**角の席で、90度の角度で座る**こと。90度の角度で座ると視線がぶつかるのを避けることができます。圧迫感を与えないのでリラックスして打ち解けたムードになり、仕事もうまくいくことが多い気がしています。

座る位置の希望を聞くのは、カフェやホテルのロビーなどでも同じ。「どちらに座ったらよろしいでしょうか」と聞いて、「じゃあ渡邉さんはそちらにどうぞ」と言われたら、そこに座るようにしています。

逆にこちらがホストで、相手をもてなす場合は、「どちらに座ります?」「こっちがいいですか?」などと軽く聞いて、ご自身が座りたいところに座ってもらいます。

こうすることは私にとって無意識の習慣になっていて、お店の方が「対面に座るのが当たり前」みたいにテーブルにお水を置いても、それには左右されずに、必ず相手の希望を確認してから座るようにしています。

POINT

相手の話しやすい位置に座る

第4章

ひと手間かけて気配り力UP

37

定型文だけで送らない

ある企業で秘書の方々とお話をしているときに、「お礼状や招待状、イベントの案内文などはどうしていますか？」と聞いたことがあります。

するとその会社では、秘書が共有しているクラウドの中に挨拶文やお礼状などの定型文がすべて保管されているので、「それを適宜《てきぎ》変更して活用しています」ということでした。

ただし、詳しく話を聞いてみると、変更を加えるのは相手の名前と日付だけ。失礼があってはならないから、ほかは一切手を加えず、プリンターで印刷したものを送っているとのことでした。

「そのほうが時間がかからなくて、合理的ですから」と言われたのですが、**心を伝えようとするとき、経済的な合理性や能率は追求しすぎないほうがいい**です。

サンプルの文章を参考にするのが悪いと言っているのではありません。「自分なりのアレンジを加えない」のが問題なのです。

多くの人は、何度か挨拶状を送ったり、もらったりしています。ということは、いろいろな定型文を読んだことがあるわけです。したがって、**コピペした挨拶文を受け取ると、**

「ああ、この文章ってコピペしたものだな」とすぐわかってしまいます。

そんなお礼状を送ったら、逆にマイナスイメージになりかねません。

それよりはSNSやLINE、あるいはメッセンジャーで自分らしい言葉でお礼を伝えたほうが、よっぽどいいでしょう。少なくとも、LINEのメッセージをコピペする人はいないでしょうから。

手紙として送るのであれば、絶対にアレンジを加えてほしい。本当は3行と言いたいところですが、百歩譲って、**いちばん印象に残ったことを1行だけでもいい**です。

「○○様のこんな言葉がすごく勉強になりました」

「こんなおもてなしが、とても心に響きました」

「○○と仰っていたことが大変勉強になりました。今後ともご指導をお願いいたします」

など。

それから**自分の名前を直筆で書く。**最低限、これだけ守れば気持ちは伝わるはずです。

POINT

コピペした文章に1行プラスする

38 社用箋、社用封筒より100均のレターセット

時代遅れかもしれませんが、私は手書きのメッセージを送るのが大好きです。実は便箋や封筒を選ぶのも大好きで、楽しみの一つ。

多くの会社が、社名やロゴがあらかじめ印刷された社用箋や社用の封筒を完備していると思います。もちろん仕事で手紙を書くときは、それを使ってもいいですし、むしろそちらを使うべきシチュエーションもあるでしょう。

でも、いつでも社用のものを使うよりは、場合によっては季節やシチュエーションに合わせた便箋や封筒、切手を、その都度丹念に選んだほうが相手に気持ちが伝わります。春なら桜、夏なら朝顔、秋なら紅葉、冬なら雪景色など、ちょっと季節を先取りして「これ」というものを選ぶのはとても楽しいものです。

ほかにもテーマに沿った絵柄を選ぶこともあります。

例えば上司が取引先を会食に招いたので、詳細をまとめて招待状を出すことになったとします。

私なら、それが**和食のお店だとしたら、案内状は和の雰囲気を醸すために、少し和紙が入ったようなテイストの便箋を選び、文章も縦書きにして、縦長の封筒でお出しします。**もちろん切手も、それらしいデザインのものを選ぶことは言うまでもありません。

逆に**フレンチやイタリアンのときは、文章は横書きにして、洋の感じの封筒を選びます。**フランスやイタリアの雰囲気があるものを使うのもいいですね。

そうすると相手は招待状をもらった瞬間から、臨場感のようなものを感じてくれるのではないでしょうか。

社用箋や社用封筒はいかにも「いつものビジネスの延長」という感じ。請求書を送るときと同じ封筒を使うよりも、ちょっと素敵なレターセットを使ったほうが楽しいでしょう。今は100均といえども品質もいいし、経費にしても微々たるものです。

単に形式的に失礼がなければいいのではなく、そこにもっと工夫や応用を加えていくことで、さらにわくわく感を引き出せるはずです。

POINT

「わずか数百円で印象が上がる」

39

地図アプリは万能ではない

私もそうですが、皆さんは友達を初めてのお店に誘うときは、ＬＩＮＥやメールにお店のホームページのＵＲＬを貼って店名や場所を伝えるのではないでしょうか。

仕事の会食の案内も同様で、メールにお店のホームページ、もしくはグルメサイトのＵＲＬを貼るか、もしくはお店の住所をコピペすることがほとんどだと思います。

でもＵＲＬだけが送られてきた場合、受け取った方は、「ＵＲＬをクリックしてお店のホームページを開き」→「住所をコピペして」→「グーグルマップに貼りつけ、検索して地図上の位置を確かめる」というような手間がかかります。なお、もう少し親切なホームページの場合は、グーグルマップなどの地図アプリのリンクが貼ってあります。

いずれにせよ、最終的には現地に着いてから、スマホの地図アプリを頼りにお店を探す人が大半ではないでしょうか。

しかし、実は地図アプリも万能ではないのです。なぜか現地でスマホのＧＰＳがうまく作動しないこともありますし、入り組んだ路地裏にあるお店などは、地図アプリだけではたどり着けないことも。

そこで私は、お店のホームページにわかりやすい地図が載っていれば、それをプリントアウトして招待状に同封するか、**スクリーンショットを撮って送ります。**

でもお店のオリジナルの地図はデザインを重視するため、地名がローマ字表記だったり、黒地に白い線で道が書いてあったりして、見にくいことも。

そこで提案なのですが、**わかりにくいお店で待ち合わせるときは、自分でオリジナルの地図をつくってはどうでしょうか。**

オリジナルといっても、グーグルマップの画像に矢印や丸をつけたり、「地下鉄の何番出口を出て左です」というようなコメントを加えたりするだけ。これを郵送のときはプリントアウトして同封しますし、メールのときは画像を添付します。

普通ならURLを貼って済ませるところ、わかりやすい地図を添付するのは一歩踏み込んだ気づかいだと思います。

POINT

オリジナルの地図で相手を迷わせない

40 写真を撮って添付する

前項でも言ったように、お店の案内をするときは「グーグルマップのリンクを貼っておけばＯＫ」とする人は多いと思います。

もちろんグーグルマップはスマホでも見られるのが利点なので、十分便利だという人もいるでしょう。ただしグーグルマップでも、大きい建物は載っていても、角にあるのが何のお店か、何という名前のビルかがわからないことがたまにあります。

それにお店によっては、目の前にいても気づかないほど**看板が小さかったり、あえて入口をわかりにくくしてあることも。**

特に最近多いのが、ビルの上層階がホテルになっているケース。**出入口が道路に接していないので、1階だけを探していてもわからない**のです。

グーグルマップやホテルの公式サイトに載っている地図を使って近くまでは行けても、肝心の入口の場所がわからなくて10分、20分と迷う人もいます。

建物のそばまできたけれど、玄関がどちら側にあるのかわからないようなところは、

「ここを右に曲がると玄関です」と一言書いて、入口の画像を送るのも気づかいの一つ。

招待状を郵送するなら、「ここにこんな看板があって、その前を左に曲がりますよ」というようにわかりやすい地図が1枚入っているだけで、「ああ、すごく良心的だな」と思ってしまいます。

このような配慮があると、じかに顔を合わせなくても、どれだけ人を思いやって仕事をしているかは察しがつきます。

「入口がわかりにくい」ということは、グーグルマップを見ているだけではわかりません。実際に自分がそこに行ったことがないと、気がつかないものです。

もし事前にリサーチできるのであれば、実際に自分が足を運んでみるといいでしょう。

POINT

「肝心の入口が見つからない」という悲劇をなくす

41 宅配便を送るときは、品物だけを送らない

レターパックや宅配便を送るとき、梱包した品物だけを送っていませんか？

「別便で○○をお送りしました」というようなメールを送ってあれば、品物だけでもいいのですが、**付箋でもいいので、必ず一筆添える習慣をつけてほしい**と思います。

そしてそんなときは、プリンターで出力した定型文だけではなく、自分の言葉で直筆のメッセージを書き足してほしいのです。

今は手書きの文字を見る機会がすっかり少なくなりました。**だからこそ手書きの文字は、強烈な印象を残す**のです。


あるとき同僚が、銀行引き落としの申し込み用紙を手に持ったまま、

「取引先に送らなければいけないんですけど、このあとすぐ出かけないといけなくて」

と言うので、代わりに郵送してあげたことがあります。

そのとき、いつものように付箋に、「いつもお世話になっております。銀行引き落としの用紙を同封しましたのでご査収ください」と書き添え、その人の名前で投函しました。

すると2日後ぐらいに、その同僚から私にお礼の報告がきました。

なんと私が用紙を郵送した取引先から、**「ものすごく丁寧な手書きでメモが入っていて、感動しました」**とお礼を言われたそうです。

「渡邉さん、いったい何をしたんですか?」

と言われて私のほうこそビックリ。

今やちょっとしたアナログ的なことって、逆に心に残るんだ、と驚いたことがあります。

資料でも品物でも、何かを送るときは現物だけを送らず、一筆添える。これを忘れないでください。

また、ちょっとしたときに相手のデスクにアメを置いておいたり、お土産のお菓子を配ったりするときも、付箋で手書きメッセージを置いておくと心が伝わりますよ。

POINT

アナログだからこそ印象に残る

42

資料づくりは、目が悪い人のことも考慮する

私が若い頃の話です。「ご確認お願いします」と言いながら、座っている上司の見やすい目の位置に書類を差し出しました。すると上司は書類を自分から遠くに離すのです。私は内心、「えっ？　それじゃ見にくいでしょ？」と思い、黙ってもっと近づけると、上司はまた黙って目を離す。

そんなコントのようなことを数回繰り返して、「あっ、もしかして老眼なのかも」と思い当たったことがあります。

当たり前ですが、若い頃は老眼というのがどんな状態かわかりません。

上司もまだ老眼が始まったばかりで、「近いところの文字が見えにくいんだよ」とは、なんとなく言えなかったのでしょう。そのとき、「老眼ですか」と口に出さずに済んだのは、いまだによかったと思います。

本当に仲がいい相手であれば、「○○さんも、ついにきましたか」と笑い飛ばしてもいいですが、**現段階では老眼だと認めたくなくて、心中で微妙なせめぎ合いが起きているような人の場合、ダイレクトに指摘することは避けなければなりません。**

もし何か言わなければならないとしたら、**仮に見えていたとしても、「私もこの字は見えませんよ、小さいですよね」と言います。**つまり書類の字が小さいせいにします。

資料をつくるときは、老眼の人はもちろん、近眼や乱視の人のことも考慮してつくるといいでしょう。

年配の上司に頼まれてつくる書類なら、「文字はどのくらいの大きさにしますか」と聞いて、希望に合わせるようにします。だいたい11〜12ポイント以上なら見やすいようです。

それからパワーポイントを印刷するときに、二つのスライドを1枚に収めて印刷すると、どうしても文字が小さくなります。そのときは「字が小さくなりますけど、読めますか？」ではなく、「これ、1枚の紙にスライド二つ分を並べて印刷してみたのですが、どう思われますか？　一つがよかったら一つにします」というような聞き方をします。

それからビジネス文書はA4が基本ですが、「この資料、やたら文字が多いな」と思ったら、ひと回り大きいA3で拡大印刷したほうが親切な場合もあります。

POINT

「言い出しづらいことを察する」

43

いざというときのために持ち歩くもの

私はわりと荷物が多いのですが、それは「いざ」というときのため。自分のためというよりも、一緒にいる人に何かあったとき助けられるように、いろいろなものを持ち歩いています。

常備しているものの一つが絆創膏《ばんそうこう》や薬。絆創膏は靴擦れのときも助かりますし、オフィスでは紙で手を切ることが意外と多い。そんなときに「はい」と言って差し出せるように、ポーチに数枚入れています。

頭痛薬や胃薬などもいつも手元にあれば、具合が悪い人にサッと差し出すことができますし、自分の具合が悪くなったときも安心です。

小さい針と糸、ハサミなどがコンパクトに収まった、いわゆる裁縫セットは、スカートの裾がほつれたとき、シャツのボタンがとれかかったようなときに活躍します。

女性の服は比較的ボタンが少ないのですが、男性のワイシャツにはボタンがたくさんついています。朝、着たときにはボタンがゆるんでいなくても、気がついたときには取れそうになっていることもよくある。袖口のボタンならシャツを着たままでも直してあげられます。

そしてもう一つ、いつも財布に忍ばせているのが**新札**。

例えば、借りたお金を返すとき、セミナーの受付で参加費を払うとき、ピンとしたきれいな新札を渡すと相手も気持ちがいいでしょう。

また、結婚式のご祝儀など、お祝い事でいくらか包むときは、シワも折り目もない新札で渡したいもの。「楽しみに準備していました」という気持ちが伝わるからです（逆にお葬式の香典などに新札を使うのはＮＧです）。また、習い事によっては月謝を新札で払う風習があるところも。

新札は銀行の窓口で頼むと手に入ります。キャッシュレス決済が増えた現代においても、用意しておいて損はないでしょう。

POINT

備えあれば憂いなし

44

人に貸すなら、タオルハンカチより木綿のハンカチ

今デパートや雑貨店のハンカチ売り場で売っているものの多くがタオル地でできた「タオルハンカチ」のようです。私の周りを見回しても、みんなポケットから出すのはタオルハンカチ。木綿や麻のハンカチを取り出す人はあまり見かけなくなりました。

それもそのはず。なにしろタオルハンカチは木綿のハンカチに比べ、すごくラク。水分をしっかり吸収してくれるし、アイロンがけも不要なのですから。

私もタオルハンカチを愛用しています。でもそれとは別に、**何かあったとき人に貸すために、昔ながらの木綿のハンカチもいつも持ち歩いています。**

もし一緒にいた人がハンカチを忘れて、手を洗ったあと困っているようだったら、それを「はい」と言って差し出す。それから何か食べるとき、洋服が汚れないように膝の上に広げることもあるでしょう。女性なら座ったとき、スカートの裾が見えないように膝にかけたりします。

そんなときはタオルハンカチより、**ピシッとプレスの効いた木綿、もしくは麻のハンカ**

チのほうが、だんぜん清潔感があると思いませんか？

もちろんタオルハンカチでも、洗ったばかりの清潔なものならいいと思います。でもタオルハンカチの場合、前の日に汗を拭いたものも、今日おろしたばかりのものも、見た目では区別がつきません。アイロンがかかったハンカチであれば、まだまっさらで使っていないことは一目瞭然。ハンカチを借りる人も安心です。

ハンカチの色や柄に注文はありません。よほど奇抜な柄や子供っぽいキャラクターものでない限りは、なんでもいいと思います。

私は人に貸すハンカチは、手頃な値段でノーブランドのものであることも重視しています。なぜなら相手によっては、**そのまま差し上げたほうが親切なこともある**から。「返さなくていいですよ」とさらりと言うには、高価でないもののほうがいいでしょう。

POINT

清潔感のあるハンカチを常備する

45

「出張セット」が定番になった理由

私が秘書時代に始めた工夫の一つに、「出張セット」の用意があります。

一般的に秘書の行う出張の準備は、飛行機や新幹線などのチケットの手配、宿泊するホテルの予約、それから必要があれば手土産を買って同行する人に渡すまでを指します。

秘書が出張の手配をするような役員以上の人たちであれば、たいてい現地の支社や営業所にアテンドする人がいるので、私たちは送り出すだけでＯＫ。ただ、私は**上司が出張先で助かるような情報を提供したい**と考えました。

そこで、出張当日の現地の天気や気温、その土地の季節の行事や名産品、出張先で会う人のバックグラウンドなどを1冊のファイルにまとめた**出張セット**というものをつくるようにしました。

ファイルの1ページ目は、まず出張中のタイムスケジュール。2ページ目からは、訪問先や宿泊先の情報と住所や地図、次に会う予定の人についての情報などを綴じておく。そしてファイルの最後には「業務には直接関係ありませんが、もしかしたらお仕事の参考になるかもしれないものをお入れしておきました。もしご興味がおありでしたらご一読ください」というメッセージとともに、**出張にまったく関係ないものを挟むようにしました。**

それは何かというと、女性誌の美容情報や、トレンドのスイーツ情報、そのときにヒットしているドラマやアニメの情報など、ジャンルを問わない雑多な情報です。上司は全員50〜60代の男性だったので、**初めて触れる情報が多かったはず。**

忙しい上司は仕事に関する情報は意識して取り入れるけれど、それ以外のことは、いくら世間で流行っていても入ってこないことが多い。でもその情報こそが、次の新たな事業につながるかもしれません。「こんなアニメが流行っている」と知ったのをきっかけにイベントを開いたり、コラボ商品をつくったりできるかもしれない。少なくとも奥様やお子さんなど家族との会話の潤滑油にもなるでしょう。

これを何回か重ねるうちに、上司が出張の何日も前から、

「渡邉さん、出張セットちょうだい」「前回のあれ、面白かったよ」

と言ってくれるようになったのです。一歩踏み込んだ気配りを喜んでもらえた例です。

POINT

ちょっとした手間で喜ばれる

46

オンラインミーティングでの気配り

コロナ禍以降、増えてきたのがオンラインミーティングです。オンラインは便利でいいのですが、リアルで対面しているときとはまた違う気配りが求められます。

オンラインでは、リアルのときよりも反応をしっかり見せましょう。対面では「軽く頷く」ほうが適切なシーンでも、オンラインでは感情が伝わりにくいので、「大きく相槌を打ってほしいな」と感じることが少なくありません。

特に参加者が大勢のときは、一人ひとりの画面が小さく分割されて映るので、聞いているのかいないのか、反応が伝わりにくいのです。あまりにも反応が薄いと、「あれ、もしかして、画面が固まっちゃったかな？」と不安になることも多々あります。

表情を大げさにしてみるとか、ジェスチャーを大きめにするとか、画面の枠の中で感情をはっきりと表現するのも気配りだと思います。

また、椅子を後ろのほうに引いているのか、画面の中の顔が小さすぎる人もよく見かけます。顔が小さいと、当然、表情がよくわかりません。「移動中のため、耳でしか参加できない」という場合は別ですが、できればカメラオフはせずに、ある程度顔を大きく映してほしい。

それからオンラインミーティングでは、背景にも気をつけてください。**リアルな背景の場合、あまりにも生活感のある部屋が映っていると、どこを見ればいいかわからず話に集中できなくなってしまいます。**

「自宅から参加しているんだろうな」という人の部屋に、洗濯物が干してあったり、棚に雑多なものが詰め込んであるのが丸見えだったりすることもあります。「親しくないのに、ここまで家の中をさらけ出されても困るなあ」と思ってしまいます。

本人が「見られてもかまわない」と思っているからこそ、背景をそのまま映すのでしょうが、「相手が見たくないものを無理やり見せていないか」を考えてみてください。

POINT

「オンラインではいつもよりオーバーアクションで」

47 どこまでデジタル化しているかは会社によってまちまち

ある人と今後、連絡をとり合う可能性があるとわかったら、**相手のいつも使っている連絡手段や、連絡を控えたほうがいい曜日、時間帯の有無などをヒアリングしておきましょう。**それによって、自分がメッセージを送っていいタイミングがわかるからです。

昔は連絡手段といえば電話、ファクス、郵便くらいしかありませんでしたが、今はいろいろなツールがあります。最近ではビジネスでも、ＬＩＮＥやメッセンジャー、スラックなどのツールもよく使われています。

相手がよく使うツールで連絡すると、先方も返事をしやすくなります。

「メールをいつも使っています」と言われたら、それが会社でしか読めないのか、出先や自宅でも見られるのかも尋ねておくといいでしょう。スマホで使うのか、パソコンで使うのかによっても、すぐ返事ができるかどうかは変わってきます。

ほかには「スケジュールの管理にどんなツールを使っているか」も聞いておきます。もし先方が「グーグルカレンダー」を使っていれば、相手とグーグルカレンダーを共有して、こちらから直接予定を書き込んでおくこともできるからです。

さらには、「資料を送るときはデータで送ったほうがいいのか、紙にプリントアウトしたものを送ったほうがいいのか」なども確認しておくといいでしょう。

会社によっては意外とデジタル化が進んでいないこともあるからです。

例えば、私が以前働いていたＩＴ企業は、めちゃくちゃアナログな会社でした。そうかと思えば、「うちはペーパーレスで、コスト削減と地球環境のためにも紙は使わない」という企業もあります。そういうところに紙の資料を送ってしまうと、「えっ、今どき紙なの？　感覚が古いよね」と思われてマイナスの評価を受けるかもしれません。

よかれと思ったことでも、相手によっては逆のこともあります。自分の思い込みではなく、まずこちらから確認するのが気づかいです。

POINT

「はじめに「どんな連絡手段がよろしいですか？」と聞く」

48 リスク回避のために、あらゆるケースを考えておく

とかく世の中は思い通りにならないものです。季節外れの台風がきて、飛行機が飛ばなかった。思わぬアクシデントで電車が止まってしまった――。

でも、**「1の事象に対して10の対策を考える」くらいの気持ちでいれば、何かあってもそれほど慌てずに済みます。**そして、変更に柔軟に対応することも気配りには重要なことです。

特に注意すべきなのが長距離移動の場合。

最近は台風が何度も上陸したり、1週間くらい居座ることも珍しくありません。そうなると飛行機が飛ばない可能性も高くなるので、事前にほかの航空会社の路線があるかどうかを調べておきます。もし同じ路線があればその便の予約状況を見て、空きがあるかどうかもチェック。空路が全滅のときに備えて、陸路の行き方も調べておくことは言うまでもありません。そして当日は朝から航空会社の運行状況をネットでチェックして、いざとなったらすぐに代替手段をとれるようにしておきます。

ゲリラ豪雨も増えています。外で待ち合わせをしていたけれど、雨が降りそうだったら、待ち合わせの場所を屋内に変更する。寒い季節だから鍋料理を食べようと思っていたけど、今日は暖かくてそんな気分ではないなら別のものにする。このように本当は入念に準備してあったとしても、臨機応変に対応できるようでありたいと思います。

また、**先方が変更を提案してきたら、自分もそれにすんなり同意できるようでありたいもの。**

例えば友達と遊びに行く予定だったけれど、「最近体調がよくなくて、日にちを変えてもいい？」という連絡がきたら、「えーっ、楽しみにしてたのに……」と思うかもしれません。でもこんなとき、相手は「申し訳ない」と思っています。そこで「私もなんとなく体調がかんばしくなくて、ほかの日のほうがむしろ都合がいいかも」と答えてみる。これも思いやりの一つかもしれません。

POINT

「変更に柔軟に対応できるようになる」

第5章

上司・部下のコミュニケーション

49

「部下」ではなく「同志」だと思っている

私は秘書として、何社かの大企業の経営者と近いところで仕事をしてきました。この経験からつくづく思うのは、人間として優れた人でなければ、人の上には立てないということです。

私が社長や役員から示してもらった、忘れられない気配りはいくつもあります。中でも昨日のことのように覚えている言葉が、

「僕と渡邉さんは、同志だからね」

という一言。

これは、私がその上司から離れるときの慰労会でかけてもらった言葉です。

「同志」という言葉にすごく感激してしまいました。そういうふうに言ってくれると、たとえ離れても、「これからもこの人のために役立ちたい」と思わずにはいられません。本当に心を動かされました。

本当に素晴らしい人は、単なる上司と部下であっても、**縁があって一緒に働くことになった人たちなので、同じ目的に向かって進んでいく同志と捉えている**のです。その方は有名企業の高いポジションにいた方ですが、やはり人間ができていないとここまでこられないんだと痛感しました。

誰でもそうですが、20代の頃は自信がないわりにいきがっているから素直になれない。30代になって少し仕事を任されるようになると、今度は上下関係に敏感になります。「あの人は私より先輩だけど、あなたは後輩だよね」というように、序列にピリピリしてしまう。

でも本当に仕事ができる人は、一緒に働く人に敬意を表し同志だと思っている。**「一緒に働いてくれてありがとう」という感謝が前提にある**のです。だから人がついてくるんだ、と実感した出来事でした。

この上司とは関係性が変わった今でも、常に何かのお役に立ちたいと心を寄せています。

POINT

「この人のためなら」と思ってもらえる人になる

50

ほめるときは、大勢の人の前でほめる

もう一つ、私が上司から気配りを示してもらった例を挙げます。

ある上司が異動になり、最後の出勤日に全社員に向けて発したメッセージ（メール）の中で、「渡邉さんにはお世話になりました」と私のことを書いてくれたのです。

「この会社でがんばってきて、役目を無事に次の人に委《ゆだ》ねられるのは皆さんのおかげだと感謝しています。僕が気兼ねなく会社を空けて世界を飛び回れたのは、嫌な役回りも進んで引き受けてくれた優秀な秘書の渡邉さんのおかげです」

こんな光栄なことはありません。

どうせほめられるなら人前でほめられたほうが、うれしさが倍増するのは言うまでもありません。

逆に叱って当然のことが起きても、叱らないことで器の大きさを示した上司もいました。

私がある副社長の出張のお供をしたときのこと。副社長と一緒に新幹線の改札を通ろうとすると、なぜか副社長だけ自動改札の扉が開かず立ち往生しています。

みどりの窓口に行ったら、「これは昨日の切符ですね」と言われてしまいました。副社長の秘書が、間違った日付の切符を手配してしまったのです。

普通こんなとき、「何をやってるんだ、まったく」と怒ると思うでしょう。ところがその方は、

「忙しいからなあ、うちの秘書は。アハハ」

と笑っている。

後日、副社長の秘書は、**明らかに自分のしでかした重大ミスなのに、上司がまったく怒らなかったため、余計に申し訳ないと恐縮していました。**

すでに反省している人を叱ったところで意味はない。自分の気が済むだけです。むやみやたらと怒鳴り散らす上司よりも、笑いながら「次はよろしくな」と言われるほうが、素直に「はい、次こそは！」と言える気がします。

POINT

すでに反省している人は、それ以上叱らない

51

遠慮していたら目上の人の懐には入れない

秘書として大企業の経営陣と近いところで仕事をしていると、人の懐に入るのがうまい人がいるものだ、と感心することがあります。悪口ではありません。経営者というのは人を見る目があるので、その人がずる賢いかどうかはすぐに見抜くものですから。

そんなふうに人から**かわいがられる人には、相手が偉い人だからといって遠慮せずにグイグイいく、愛敬のあるタイプが多い**ようです。

中学生や高校生の頃、職員室にズカズカ入っていって、先生に「せんせー、これってさー」みたいな口を利く子が、かわいがられていませんでしたか？　たぶんそれと同じです。

そんなやんちゃな少年タイプは言葉づかいも必ずしも丁寧ではないのですが、経営陣は自分の息子のような言葉づかいをされたほうがうれしいようです。

こういうことがサマになるかどうかは、もともとのキャラクターに負うところが大きいので、誰もがこのタイプを目指しても難しいかもしれません。しかし**いつも礼儀正しく、失礼のない態度だけが、上の人たちからの高評価を得るわけではない**ことは覚えておいてもいいでしょう。

なぜこんな話をするかというと、**意外と自分らしさを出したほうが、自分の「人となり」が伝わって距離が縮まる**と思うからです。

失礼になってはいけないと考えすぎてしまって、自分を取り繕ってばかりではもったいない。殻を少しずつ破ったほうが絶対にいいと思います。そうしないと印象に残らない。何度会っても覚えてもらえないのは、どこか自分を抑えすぎているからかもしれません。

誰かの印象に残るには、変わったことをする必要は一切ありません。自分をそのまま出せばいいのです。

年上の人や初対面の人とは、雑談をするだけでも精一杯だと思いますが、そこから一歩踏み出して、一つでも何か印象に残るような試みをしてみてください。そうしたら10年後、20年後、どこかで会ったときに、「ああ、あのときの」と思い出してもらえます。せっかく出会った人との縁をムダにせず、つないでいってほしいと思います。

POINT

少しずつ自分を出して相手の印象に残す

52

叱ってくれて、「ありがとう」

叱られたことによって、相手との関係が逆に深まることもよくあります。

切り替えが早い人は、お叱りを受けても、「あー、参った、早く忘れよう」だけで終わってしまいますが、それではもったいない（切り替えが早いのは素晴らしい長所ですが）。

こちらの態度によっては相手も、「悪気があってやったことではなかったんだ」「自分のことを思ってやってくれたことだったんだ」とわかってくれる。そしてそれを踏まえたうえで「こういうときは、こうしたほうがいいよ」とか、「僕はこう思った」などと言ってくれるのです。

そんなアドバイスはまさに金言。自分が悪者になりたくないから、こちらに至らないところがあっても指摘しない人が多い中、**ちゃんと指摘してくれるのはありがたいこと**なのです。

それにそうやって叱り方を見せてもらえると、「もし自分も将来同じようなことがあったときは、こういうふうに対応しよう」という指針にもできる。

成功してほめられるときは、「ありがとう」とか、「よかったよ」と一言で終わり。でも**お叱りや、「こういうときはこうしたほうがいいよ」というアドバイスは10分、20分かかる。それくらい手間をかけてもらっている**とも言えます。

ですから失敗のほうが学ぶことが多いし、叱ってくれた人との関係性も深まるし、将来指導的立場に立ったときの自分のあり方も学べるという意味では、貴重な経験なのです。

誰かに自分の経験談を話すときも、うまくいった話は面白くないことが多い。でも**失敗談は間違いなく相手の心に残ります。**細部は違うにせよ、似通った経験をしたことがあれば、「ああわかる、そうだよね」と共感してもらえる。そうすれば、より相手との距離も縮まります。「一緒に問題解決をしていこう」という仲間意識も芽生えるのです。

失敗をムダにせず、そこから学ぶことができれば、絶対に10年後、20年後には力が蓄えられて、今よりもはるかに秀でた人間になれる。そう確信しています。

POINT

叱ってくれる人は大事な先生

53
落ち込んでも立ち直ればいい

気配りで大事なのは、何でしょうか。

私は、**気配りでいちばん大事なのは、落ち込みから立ち直る精神力**だと思っています。

働いているといろいろなことがあります。自分というものをしっかり持っていないと、人に引きずられてしまうことも。

気配りをするときは人の立場に立って考えることが欠かせませんが、何度も言うように相手の性別、年齢、立場などすべてが違う以上、人それぞれベストなものは違います。例えば、女性なのか、男性なのか。お子さんか、お年寄りか、それによってお出しする飲み物も違うと思います。

ある大きなセミナーで、「このご時世にペットボトルのお茶を出すんですか？ 添加物が入っているのに」と言われたことがあります。言われてみれば、ペットボトルのお茶には酸化防止のためのビタミンCや香料などが含まれています。その方はペットボトルでもミネラルウォーターなら飲むとのことだったので、それ以来ミネラルウォーターも常備していますが、「添加物を気にする人もいるのに、なぜ気づけなかったんだろう」と反省することしきりでした。


そういうことが何度も続くと、「ああ、私ってダメな人間なのかな」と思って自信を失いかねません。そんなとき、私が心がけているのは、先輩方の失敗談を聞くことです。

「実は私、こんなことしでかしちゃって、すごく落ち込んでるんです。まさか○○さんはこんな経験ないですよね？」

というように尋ねてみると、

「それくらい、大したことないよ！　私なんかもっとすごい失敗したことがあるよ」とか、「そんなの序の口だよ。僕なんか、ダブルブッキングに気がつかなかったんだから」

というような答えが返ってきます。

成功されている方でも、若いときから今のようにパーフェクトではなかったということに気づかされます。そう思うと「自分もがんばろう」と思えるのです。

POINT

「相手の反応で自分のしたことをジャッジしない」

54 ときには悪役を買って出る

「気配りをするのはいいことに決まっている。だから気配りをすればいい人だと思われるし、みんなから感謝される」と思うかもしれません。しかし本気で気配りをするならば、**ときには、「人からちょっと恨まれること」も必要**です。

ある大企業の社長秘書を務めていたときのことです。20人以上の役員が集まる会議が開かれる直前に、社長の都合でやむを得ず延期することになりました。

実は、会議がその日に決まるまでの、スケジュール調整の手間は、それはもう大変なものでした。事前にそれぞれの役員秘書にお願いして、ようやくその日に決まったのです。だから、中には「この日に合わせるために、いろいろな調整を重ねてきたのに……」と恨み言を言う人もいました。

こんなときはつい、「私じゃなくて、社長がリスケしてくれって言ったんです」と**言い訳したくなるもの**です。でも私が社長を悪者にするわけにはいかない。私は社長には何も言わず、黙って社長の盾になろうと決心しました。

そこで、連絡する必要のある方一人ひとりに、

「私の能力不足で、会議をリスケすることになってしまい申し訳ございません。もう一度調整のし直しをさせていただけませんか」

と言って、改めて日程の調整を依頼しました。

この出来事があってしばらくすると、「もしかして私、社内の人たちから応援されてる？」と感じることが増えてきました。

別件でスケジュール調整をするときなどは、「渡邉さん、うちの部署のメンバーのぶんは、私が取りまとめて日程を出すから、渡邉さんはしなくていいよ」と言ってもらえたりしました。

おそらくほかの人たちは、あのリスケの際に「これは社長がリスケしたんだな」とわかっていたのでしょう。でも私が「自分の能力不足で」と言って淡々と再調整したので、**「ああ、渡邉さんって、そういうことができる人なんだ」と評価してくれた**のかもしれません。

大げさですが、自分が悪者になって罪をかぶる勇気もときには必要なのだと思います。

POINT

泥をかぶれる「器の大きさ」が評価される

55 上司の欠点をカバー プロの秘書はここまでやる

私は上司の商談に同行するときは、必要な資料をあらかじめ余分にコピーし、それ以外にもしかしたら必要かもと思う書類を常に自分のカバンの中に忍ばせておくようにしました。会社案内など「定番」の書類は、多めに持っていても別にマイナスにはなりません。多少荷物が増えるだけのことです。

また上司が名刺を忘れたときのために、**上司の名刺も自分の名刺入れの中に入れておきました。**「何かあったときのために10枚ほどお名刺をいただけますか」と言って上司から名刺をもらい、自分の名刺入れの中に入れておく（付箋をつけて、自分の名刺と区別しておきます）。そして上司が名刺を出すべきタイミングで、スーツのポケットを探っているようなら、**横から無言で上司の名刺をさっと出す。**

秘書でなくても、営業などで上司や先輩とどこかに出かける機会の多い方は、心がけておくといいかもしれません。

上司や先輩はお客様の前で恥をかかずに済みますから、とても感謝されます。部下と上司という立場でなくても、チームメンバー同士でフォローし合えると安心ですね。

上司の中には、**人の顔と名前を覚えるのが苦手**な方もいました。上司と一緒にいるとき、向こうからやってきた人が、「おや、偶然ですね。この間はどうも」とニコニコしている。なのに上司は「ええ……ハハ……」と曖昧な態度。ちょっと目が泳いでいます。

「あっ、この人の名前が思い出せないんだ」とピンときた私は、

「鈴木様、先日は××の集まりで大変お世話になりました。ハワイはいかがでしたか？」

と相手の名前を呼び、先日会ったときのシチュエーションと、そのとき雑談にのぼったキーワード（ハワイ）を口にしました。

それで上司も「あっ、あの人だ」と思い出したようでした。なぜなら**記憶に残るのは、相手の顔や名前よりも、雑談の内容であることが多い**から。だから私は名刺の裏に、「こんな雑談をした」というメモを残しておくようにしています。

ちなみにオンライン上の打ち合わせであれば、相手の顔が映っているパソコンの画面を、先方からは見えない角度からスマホで撮影し、議事録に添付することもあります。

POINT

人のぶんまで「もしも」に備える

56

かしこまりすぎは壁をつくる

ある人から、こんな話を聞きました。

「新入社員が僕にものすごく気をつかうんですよ。同じフロアにいるのに『お忙しいところ大変申し訳ありませんが、これから○○の件でお伺いさせていただいてもよろしいでしょうか』とメールがきて、『いいよ』と返事をしないと話しかけてもこないんです」

その人は何度も新入社員に、「メールで都合を聞かなくていいよ」「難しい敬語も使わなくていいよ」と言ったそうですが、なかなか改まらないとのことでした。

「かしこまりすぎると言いたいことも言えなくなって、業務がうまく前に進まないんですよね。『させていただく』みたいな謙譲語なんか使わなくていいから、普通に『です・ます調』でしゃべってくれれば十分なんですけどね」

この新入社員の方は、もしかしたら「礼儀正しいことが何よりも大切だ」と思い込んでいるのかもしれません。しかし、かしこまりすぎると、相手との間に壁をつくってしまうこともあります。**あなたが緊張することで、「俺（私）って、どこか偉そうにしているのかな？」と不安になってしまう人もいることを、頭に入れておいてもいいでしょう。**

私も先日、極度に緊張している新人に出会いました。特にプレゼンを控えていたりすると、もう部屋に入ってくる瞬間からカチンコチン。言葉もしどろもどろだし、敬語も変なふうになっているけれど、一生懸命だから笑うに笑えない。

そのときは私が、

「今日はもう練習の場だと思ってね。そんなに緊張しなくていいよ」

と言うと、その場でいちばん地位の高い人が、

「そうそう、僕なんか、そこまで緊張する価値のある人間じゃないから」

と言ってくれたので、すごく場が和みました。

緊張は生理的な現象なので、コントロールできないこともあります。そんなときは**周りの人（その場でいちばん偉い人、もしくはそういうことが得意なキャラの人がベスト）が和ませてあげるといいでしょう。**

POINT

「緊張しすぎないのもマナーのうち」と思おう

57

謝るときは素直な言葉で

前項で「かしこまりすぎ」は相手との間に壁をつくるという話をしましたが、普段は使わないような丁寧すぎる言葉を、謝罪の場面で用いるのも要注意です。

私が自分の部下に謝られたときのことです。本当だったらすぐ電話をしてきて、「申し訳ありません」「すみませんでした」という一言で済む程度の失敗でした。私もそう言ってもらえれば、「ああいいよ、もう。次から気をつけてね」で終わったと思います。しかしこのときはメールで1行だけ、「汗顔《かんがん》の至りで慙愧《ざんき》の念に堪えません」というような、「そんな単語、普段みんな使わないよね」という言葉が送られてきたのです。

本人は、反省していることを表現するには丁寧な言葉を使ったほうがいいと思ったのかもしれません。でも、**普段のキャラクターにない言葉づかいをされても、気持ちが伝わらない。**

「ネットで見つけた謝罪文をコピペしたんじゃないのかな」という疑惑が湧いてくる始末でした。**謝るときは、自分の言葉で素直に謝るべき**です。

このときの謝罪の方法がメールだったことも、気持ちが伝わらなかった一因かもしれません。

少し前までは、「謝罪をメールで済ませるなんて非常識」という意識がありました。直接出向いて頭を下げるか、それができなければ、とりあえず電話で謝るのが普通だったのです。しかし今は電話を使う機会が減っているため、謝られる側が「電話がかかってきたら面倒くさいな」と思うことも少なくないと思います。電話をするほうも、相手の仕事のペースを乱すのではないかと気がひけます。

そんなときは、例えば一度メールをして、「謝りたいので、後ほど何時にお電話すればいいですか」と聞いてみる。そのとき「いや、もういいです。電話は不要ですよ」とお許しが出たのであれば、「それではお言葉に甘えて、文面で失礼します」と改めてメールで謝罪するのがいいかもしれません。

POINT

無理をして難しい言葉を使わない

58 目上の人からご馳走になったら、情報で返す

先日、若い秘書の方からこんな質問をされました。

「目上の方からご馳走していただくことがあります。でもどうやってお返しをすればいいのかわかりません」

その気持ち、よくわかります。なんだか高そうな食事をご馳走になったけれど、自分ごときがお返しをするのは生意気な感じがするし、何を買えばいいかもわからない。第一、薄給の身でお返しをするのは正直辛い。だからとりあえずお礼状は書いたけれど、ほかに何かしなくていいのかな……というところではないでしょうか。

私が彼女に言ったのは、**「何かモノで返そうとは思わないで」**ということ。２０００〜３０００円の手土産を持っていって返すなんてことを、上の世代の人たちは求めていない。では、何で返せばいいか。それは若い人ならではの「情報」です。

ご馳走してくれたのはおそらく中堅以上の年代の方でしょう。そういう人たちは新聞や経済誌に載っているような情報であれば自然と入ってきますが、それ以外の情報には疎くなる傾向があります。

テレビやネットを見る時間があまりないし、ましてや女性誌や漫画など、仕事に直接関係ないものはそうそう読まない。だからエンタメ系やカルチャー系の話題が喜ばれるのです。

上の世代の人たちは、下の世代との会話を通して、普段聞けない話を聞くのが楽しいのだと思います。そんなときはむしろ上の世代のほうがイキイキしている。

「へーえ、今はそうなの？」

と感心して、若い人たちを2時間、3時間と離さない。そして、

「いやあ、今日は楽しかった。じゃあ、またどこかで一緒にご飯できたらいいね」

と言って満足げに帰っていくのを何度も目にしました。

私も若い頃は、年上の人と会うときは今日の日経平均とか時事ネタとか、新聞に載っているようなことを話さないとダメなのかなと思っていましたが、むしろ逆。無理に背伸びをせず、いつも友達としているような話をするのがいちばんのお返しではないかと思います。

POINT

背伸びをするより、今の自分にしかできない話をする

59 スマホを持っていない人だっている

私は今、伝統的な日本の大企業のサポートもしていれば、スタートアップ企業ともお付き合いがあります。実は両者には、デジタルツールの使い方に大きな差があります。

前者だと、**ほとんどパソコンを使わない社長もいます。**

今どきはパソコンで議事録をとるのが当たり前だと思いますが、某企業の社長にとってはパソコンを会議室に持ち込んで、カチャカチャと打つこと自体、耳障りらしいのです。

だから皆さん、ペンとノートでメモをとっています。その会社では資料も紙に印刷して配布するのが基本なので、プロジェクターなんて使いません。

もちろんオンラインミーティングはゼロ。連絡のツールも基本はSMS（ショートメール）か、会社のメールです。LINEなどSNSもほぼ使いません。

実はこんな会社は1社や2社ではないのです。

ご年配の方々には、スケジュール管理をするのに、紙の手帳を使っている方がまだいらっしゃいます。鉛筆でスケジュールを書き入れては、変更があったら消しゴムで消す。

それを秘書の人と1週間に1回答え合わせをしている方もいます。

仕事で、否応なしにパソコンやデジタルツールを使いこなさなければいけない人は、結果的に時代の変化についていけます。

しかし会社の役員のように「周りがその人に合わせるのが当然」という立場だったりすると、新しいやり方を覚える必要がない。だからアナログのままなのではないか、と推察します。

デジタルをなんなく使いこなす世代が気をつけなければいけないのは、「誰でもデジタルツールを使えるのは当然」と思ってしまうことです。

思った以上にデジタルと無縁な方は多いもの。老若男女、どんな人と関わるにしても、「もしかしたらスマホを持っていないかもしれない」「メールより電話派かもしれない」という可能性を念頭に置いておいたほうがいいでしょう。

POINT

誰もがデジタルを使いこなすとは限らない

第6章

外見・マナーに気をつける

60

何を着るかより、どう着るか

ビジネスにおいて身なりを整えるのは、自分をよく見せるためではなく、相手に敬意を表すためです。

プライベートのファッションは自分の個性を表現したり、自分が心地よく過ごしたりするためのものですが、ビジネスにおいては会う人に不快感を与えないことが最優先であるべき。そのための服装をしてほしいと思います。

それは高価なものを着るということではありません。今はご存じの通り、ファストファッションでも、品質もデザインも優れたものがたくさんあります。

私自身、普段着ているブラウスは数千円のものですし、パンツもファストブランドです。靴を入れてもトータルで2万円もかかっていません。

私が心がけているのは、シャツやブラウスには必ずアイロンをかけること。Tシャツにだってアイロンをかけます。値段の安いものでも仕事の場に着ていく以上、「きちんと感」は絶対に必要。どんなに高いものでも、シワが寄っていたり、シミがあったりはいただけません。

大事なのは、服のフォルムがどうとか、色や柄が派手だとか地味だとかということよりも、清潔感が漂っているかどうか。

時代とともに装いの基準は移り変わっていくもの。最近はヒゲを生やしたり、髪の色を変えたりしている人もいます。ピアスやリングをしている男性もよく見かけます。私はヒゲを剃れとか、髪を黒くしろとか、校則のようなことを言うつもりはまったくありません。

また「派手なネイルはビジネスにはふさわしくない」という声もよく耳にしますが、それよりも重要なのは「清潔かどうか」だと思います。伸ばしっぱなしで、ささくれだらけの爪よりは、ネイルで整えている人のほうが、見ていて気持ちがいいのではないでしょうか。

基本は常識の範囲内で、相手に不快を感じさせなければいい。とはいえ「常識」というのも曖昧な概念です。私はその**業界のルールとか雰囲気に合わせた装いならOK**だと思っています。

POINT

身だしなみは清潔感が最優先

61 シャネルのバッグを持って、ヴィトンの会社を訪問しない

すでに述べたように私は基本的に「何を着るか」より「どう着るか」のほうが大事だし、「何を持つか」より「どう持つか」だと思っています。

しかしそうだとしても、**一目でブランド物とわかる大きなロゴが入っているようなものは注意**したほうがいいでしょう。

プライベートなら、どれだけブランド物で全身を固めてもかまいません。でもやはりビジネスのときは、ちょっと考えたほうがいいでしょう。

その理由は**ブランドの威力を誇示しているように受け取られることもある**ということ。

もう一つの理由として、**相手が自分の身に着けているブランドのライバル企業の関係者である可能性がある**ということが挙げられます。

私はいろいろな方とお仕事で会うときに、その日に会う人の会社や職業について、必ず考えるようにしています。

これは極端な例ですが、シャネルのバッグを持って、ヴィトンの会社を訪問したり、

シャネルの名刺入れでヴィトンの方と名刺交換をしたりせずに済むためにそうしているのです。ちなみに名刺入れは二つ持っていて、プライベート用と仕事用に分けています。

今、仕事で使っている名刺入れに大きいマークやロゴが入っているのであれば、時と場合を考えて使い分けたほうがいいかもしれません。

いちいち使い分けるのが面倒な人は、ビジネスのときだけは、どこのものかわからないシンプルなものを使うしかないでしょう。いっそのこと、仕事中のファッションは機能性重視と割り切ったほうがいいかもしれません。

服もカバンも機能性を重視すると決めてしまえばラクです。汚れがつきにくい、洗濯機で洗える、雨に濡れても拭くだけでシミにならない。そんなカバンや、シワになりにくい服を選ぶと、忙しい毎日にちょっと余裕ができてきます。

POINT

ブランド品は愛用していてもビジネスでは見せない

62

「Tシャツ」「リュック」で信頼をなくす

今はオフィスカジュアル、クール（ウォーム）ビズの会社が増えました。しかし経営に携わる人たちは、まだまだジャケットやスーツを着ているところが多い。たとえノーネクタイでもジャケットは必ず羽織っている方が多かったりします。

私は知人や友人から、私の元上司を紹介してほしいと言われて、紹介の労をとることがあります。そんなとき、当日はだいたいその会社の受付で待ち合わせをします。

あるとき、相手が姿を現した瞬間、「終わった……」と思ったことがありました。50代の大人なのに、「そのネルシャツとリュック、これから山登りに行くんですか」みたいな姿で現れたからです。

驚いた私を見て、「渡邉さん、ごめん、こんな格好で」と言われましたが、「謝るくらいならちゃんとしてきてよ」と思ってしまいました。

相手が親しい人だったり、社会人経験の浅い人だったら事前に、「ちゃんとした格好できてね」と注意していたかもしれませんが、経験を積んでいる人がそんな格好でくるとは。頭脳明晰な経営者なのに、常識がすっぽり抜けてしまうこともあるのかと唖然としました。

ほかにも、夏に黄色のTシャツに赤の短パンで現れた人もいます。彼が前を歩いて行くのが見えましたが、声をかける気にもなれず、30メートルくらい後ろをずっと歩いていました。もしかしたらどこかに寄って着替えるかもしれないと期待していたのですが、ついにそのまま会社の中に入っていってしまいました。

ファッションに悩んだときは、たとえ堅苦しいと思われたとしても、「きちんとしすぎ」のほうに重点を置いたほうが後悔せずに済むでしょう。

世界的なスポーツブランドやIT企業に行くと、社員はTシャツ短パンです。だからといって、こちらもTシャツ短パンでは行きません。相手がTシャツ短パンであったとしても、こちらがスーツを着ているぶんには失礼ではないからです。

また、**重い荷物を持ち歩くのにリュックは便利ですが、目上の方や得意先を訪問するときだけはカジュアルなデザインのものは避けたほうがいい**でしょう。

POINT

服装に迷ったらフォーマルに

63

「肌見せ」は控えたほうが安全

男性のビジネスにおける服装は、白いシャツにダークカラーのパンツ、というように一定のパターンがあります。だから迷ったときに何を着ればいいかがわかりやすいのですが、女性のファッションアイテムは種類が多いぶん、何を着るかがなおさら難しいところがあります。

女性は男性よりも服装の自由度が高いということは、逆にいうとあまり厳しいルールがないということでもあります。しがたって基本的にそれほど難しく考える必要はないと思っています。

しかし、一つだけ気をつけたいのが、「肌が露出しない服を着る」ということ。

夏場はノースリーブがNGの会社もありますし、足の指が出るようなサンダルも禁止になっていることも。

服装規定のない会社だとしても、**例えばキャミソールで出勤して、急に誰かと会うことになったようなときは、ジャケットやカーディガンなどを羽織って肩を出さないようにす**

るのがいいでしょう。

また女性の襟ぐりが開いた服は、背筋を伸ばしているときは気にならなくても、お茶を出したり書類を配ったりするときに**前かがみになるため、胸元が見えそうになることも。**そういう服であるということは、普通に試着をするだけではわかりません。試着のときにいろいろな動きをしてみることが必要だと思います。

ここまで女性について書いてきましたが、男性も注意が必要です。そもそも男性のビジネスの服はあまり肌が見えないようになっていますが、**脚を組んだときにズボンの裾とソックスのすきまから脛《すね》がチラッと見えることがあり、これはビジネスシーンのスーツスタイルではNGとされています。**

仕事の場で肌を見せないほうがいいのは、女性だけでなく男性も同じですね。

POINT

油断して肌を見せない

64

目指すは「完全な無臭」、もしくは「ほのかないい香り」

目に見えず、自分ではなかなか気づきにくいのが「臭い」。よく遭遇するのは香水のつけすぎ。次に多いのが体臭や口臭でしょうか。タバコの臭いも気になるところです。でも臭いを注意するのは、相手を深く傷つけかねない行為でもあります。非常にデリケートな問題でもあり、対応が難しい。本人が自覚していない臭いをどう伝えるべきか……。本人に悪意がないだけに、**スメハラ（スメル・ハラスメント）は、今パワハラやセクハラと同じくらい人事部の問題になっています。**

ある企業の方から、「加齢臭を放つ人たちが集まったミーティングルームに臭いがこもってしまい、次に使う人たちが辛い、どうにかしてほしい」と訴えられたので、空気清浄機を何台もかけて、ディフューザーを置いたという話を聞きました。でも、結局効果は感じられなかったそうです。やはり根本的に本人が対策を講じないと、いくら外から働きかけてもムダだということでした。

また、業界によっては世界各国からくる方も多いのですが、ある地域の方々にとっては香水をつけることがマナーで、「つけないなんてありえない」くらい失礼なことのようです。でも狭い空間に香水をつけた人が大勢いると、敏感な人は1時間もしないうちに頭痛がしたり気分が悪くなったりしてしまいます。仕方なく、鎮痛剤を飲んでしのいでいる人もいるそうです。最近の高層オフィスは事故防止のために窓が開けられないところも多いので、逃げ場もありません。

企業の対策としては、社会人としてのマナー研修のようなものを定期的に開催し、そこで遠まわしに臭いについて話し、各自に気をつけてもらうようにすることくらいです。

自分自身が、臭いで人に迷惑をかけていないか気になった場合は、家族など聞きやすい人に聞くのがいちばん。家族と一緒に住んでいなければ、仲のよい友人に正直なところを言ってもらうようにしてください。

あとはこまめにケアをすることで、かなり改善されるはずです。

POINT

自分の臭いには気づかない

65

どんなおしゃれより清潔感に勝るものなし

清潔感って、大事ですよね。**男性は「三つの元」に気をつけると、清潔な感じになります。その三つの元とは、「襟元、袖元、足元」。**

ワイシャツの襟元、つまり**首の皮膚と接する部分が垢で黒ずんでいたり、皮脂の黄ばみがあったりすると、「この人ってそういう人なんだな」と思ってしまいます。**仮にその人に優れたところがあっても、不潔さで台無しになってしまうのが恐ろしいところ。

シャツの袖のボタンもほつれやすいところです。ボタンが取れかけているのに気づかないまま過ごしていると、一気にだらしない感じに。

また足元は汚れやすい部分だけに、特に清潔さに気を配りたいところです。仕事で人の家やお店のお座敷に上がる機会の多い人は、足そのものを清潔にしておくべきなのは言うまでもありません。

靴については、服や持ち物のところでも言いましたが、どういうデザインや色の靴を履くかよりも、いかに手入れをするかのほうが大事だと私は思います。

靴の先が極端に尖っているような流行の靴でも、その業界や職場において許容範囲内だったらかまわない。それよりちゃんと汚れを落としたり、磨いたりして手入れすることのほうが大事です。

例えば、**靴のかかとが極端にすり減っていたりすると、階段をのぼるときに後ろからくる人の視線の高さに靴があるため目につきます。**

女性の足元で気になるのは、**ヒールのかかとのゴムがとれて、一歩踏み出すごとにカツカツと音がすること。本人はそんなつもりがなくても、足音の大きな人に真後ろを歩かれると、急き立てられるような気がしてしまうことも。**

「大きな足音を社内で立てないような靴にすること」と服装規定で定められている会社もあります。そういう会社の人たちは、相手の立てる足音にも敏感です。

見た目だけでなく、自分の立てる物音にも気を配れたら言うことなしです。

POINT

清潔かどうかは「三つの元」を見ればわかる

66 人と会う前の３６０度チェックを習慣に

私は誰かと会う前は必ず化粧室に行き、３６０度ぐるっと回って、後ろからも横からも鏡を見て、身だしなみをチェックしています。

正面の鏡に映る部分だけをチェックしていると、肩に髪の毛が落ちていることや、ストッキングの伝線やスカートの裾のほつれに気づけずに、清潔感が損なわれることがあるからです。

「後ろ姿は見られていない」と思ったら大間違い。後ろ姿こそ、よく見られています。

例えば、お客様を案内するときは、廊下をその人の前に立って歩かなければいけません。エレベーターのボタンを押すときなどは、背後の至近距離から後ろ姿を見られていると思ったほうがいいでしょう。

人は初対面のときほど、「この人はどういう人なんだろう」と観察するものです。

身だしなみを整えるのは自分のためでもあるけれど、自分が属している会社のためでもあり、上司のためでもあります。

自分が相手に不快感を与えるような装いをしていたら、会社のイメージも悪くなってしまうし、「この人の上司はこういうところを指摘しない人なんだ」と思われて、上司の評価を下げてしまうかもしれません。

結局、外見は清潔感第一。ということは、**買い物の段階から手入れが簡単なものを選ぶ必要があります。**頻繁にアイロンをかけたり、クリーニングに出したりするのも大変ですから、洋服なら洗濯機で洗えるもの、ノーアイロンでもしわが寄りづらいものを選ぶのがコツ。

また、男性のカラーシャツの中には汗が目立つ色があります。**無地の濃い色をしたブルーやグレーは濡れた部分だけ色が濃くなるため、脇の下などに丸い汗じみがくっきりと出ることも。**グレーのワイシャツはおしゃれなので、男性におすすめすることがありますが、必ず「真夏は避けてくださいね」と言い添えています。

POINT

身だしなみは自分のためならず

67 入室の際のうっかりマナー違反

他社にお邪魔する場合や、会合に出席する場合は、気をつけたいことがいくつかあります。

例えば**リュックを背負ったまま入ってくる人。**リュックのせいでジャケットが着崩れていることが多いようです。**ショルダーバッグを肩から斜めにかけている場合も同様で、なんとなく無精な印象**になります。入室の際はとりあえず手に持ち換えましょう。

また、最近は冬にコートを着たまま入ってくる人もよく見かけます。本来は玄関の前で脱ぎ、裏地を表側にして軽くたたみ、腕にかけるのがマナーです。これはコートについた埃を室内に持ち込まないためと言われています。

うるさいことばかり言うようで恐縮ですが、ほかにも気になるのが、**カフェやコンビニで買ったコーヒーを手に持ったまま入ってくる人。**お客様のところを訪問するのにコーヒーを片手にやってきて、通された部屋のテーブルにそのまま置きます。映画のワンシーンのようで格好はいいけれど、当然マナー違反です。

何回も会ったことのある人ならまだしも、初対面であれば常識を疑ってしまうかもしれません。たとえ直接面談する相手には見られていなくても、案内をする人にはしっかりと観察されているものです。

さらに気をつかえない人になると、飲み終わったコーヒーのカップを持ち帰らない。もっともこれは私が、「ゴミはそのまま置いてらしていいですよ。こちらで捨てますので」と言うからなのですが、「あ、すみません」と素直に甘えられてもちょっと複雑な心境になります。

うっかり途中で買ってしまったけれど飲み切れず、捨てるところもなくて持ち込んでしまったのかもしれません。しかし、食べかけ・飲みかけのものを訪問先の応接室に持ち込むのはあまり行儀のいいことではありません。

真夏に水分補給が必須なのであれば、せめてフタができるペットボトルや水筒にして、先方の会社に行くときは自分のカバンの中にしまって見えないようにしておきましょう。

POINT

入室時の様子はチェックされている

第7章

印象がよくなる飲食・接客

68 会食は終わりの時刻も決めておく

人と人との距離を近づけるのは、なんといっても一緒においしいものを食べること。特に夕食を一緒にとれると、お酒も飲めるし、ゆっくりできるので距離が縮まりやすいと思います。

ただ、「まだそこまでの仲ではない」とか、「夕食はハードルが高いな」というときは、ランチに誘ってはどうでしょうか。

小さいお子さんがいる人は早く帰らなければいけないし、仕事が終わったあとは自分の時間にしたいという方もいるでしょう。そんなときは、**ランチのほうが相手もありがたいはず。**

最近は仕事関係の会食でも、昼の時間帯に設定されることが増えてきました。

それを反映してか、銀座あたりのお店でもだいたい1時間半ぐらいで終わる「クイックコース」を提供するようになりました。例えばディナーだったら5品のところ、4品にして早く出してくれるのです。

こういう**ランチのいいところは、時間が限られていることです。**

忙しい人や、「この人はいつも絶対に一次会で帰る」というような人に、このようなコースは喜ばれると思います。

そして最初に「1時間半で終わります」とお伝えしておくと、先方も午後の予定が組みやすくなるでしょう。

夜の会食のセッティングをするときは、始まりの時刻は決めても、終わりの予定時刻を決めない人が多いのではないでしょうか。終了時刻を決めるのは無粋かもしれませんが、「午後9時には終わります」と告げておくと、「二次会はないんだな」とわかるし、「最近忙しくて疲れているから、早く寝られていい」「家が遠いから、終電の心配をせずに済むので助かる」という人も多いでしょう。

あらかじめ終わりの時間をお知らせしておくのは、親切なことだと思います。

POINT

忙しい人には「○時に終わります」の一言を

69

お酒が飲めない人への心づかい

今は酒造メーカーが「スマートドリンク」を提唱する時代。下戸《げこ》でも堂々とノンアルコールドリンクを注文できるような意識改革が進みつつあります。

ただし、まだまだそうはいかないときも多いでしょう。例えば一緒に食事に行った人たちが酒豪ぞろいで、全員飲む気まんまんのとき。あるいは昭和な社風の会社で、宴会のはじめは全員ビールで乾杯すると決まっているようなとき。

そんなとき私はあらかじめ、お店の人にこっそり耳打ちしておきます。

「ここの席の人はお酒が飲めないので、わからないようにノンアルビールを出してください」

こうすれば皆さん気持ちよく乾杯できるし、2杯目からは好きなものを頼めるでしょう。

最近はほとんどのお店でノンアルコールドリンクを提供していますし、もしノンアルがメニューに載っていなくても、カクテルなどお店でお酒を加えてつくるものであれば、

「アルコール抜きでお願いできますか」

と言えば、見た目はお酒そっくりのものを持ってきてもらえます。

私は今まで**相手がお酒を飲んでいるのに、自分だけソフトドリンクを飲んでいても、バレたことは一度もありません。**

あるとき雑談していて、誰かが、「渡邉さんってお酒飲めないよね」と話題にしたことがあります。すると別の人が、「本当ですか？　だっていつもお酒飲んでますよね」と驚いていました。

実はその人と会うときは、さもアルコールを飲んでいるかのように振る舞っていただけでした。

ポイントはお店の人にこっそりお願いすること。そうすれば**飲めない人でも引け目を感じずに済みます。無理に飲んで具合が悪くなったりしなくていいし、場の空気も壊しません。**ぜひ試してみてください。

POINT

飲む人にも、飲まない人にも配慮する

70 つぐ？　つがない？　お酌問題の解決法

アルコールをともなう会食で悩ましいのが、「お酌をするか、しないか」という問題です。「お酌は当然」という意識は年配の方に多い印象ですが、最近ではお酌の強要はハラスメントにあたるという意識がだいぶ普及してきました。「お酌したくない派」には喜ばしい流れですが、「してほしい派」もまだいます。

また「ビールは継ぎ足しをするとまずくなる」という理由で、お酌を嫌がる人もいます。これらを解決するには、**瓶ビールを避けて、最初からグラスビールにするといいでしょう。**

しかしすぐに日本酒に移り、おちょこと徳利《とっくり》で提供されると、再びお酌問題が浮上してきます。

そんなときはこちらから**「おつぎしますか」と聞いてからつぐといいでしょう。**

つぐのも、つがれるのも好きではない場合は、**お店の人にお任せするという手もあります。**ある程度サービスのよい高級なお店に限りますが、予約の時点で、「お酒をたくさん召し上がる方なので、グラスが減ってきたらついでください」とお願いしておく。あるいは最初に席に着いたタイミングで、

「グラスが空いたら、ついでください」

と一声かけておきます。白ワインなら氷を入れたワインクーラーを個室の前やお店の人の目につく場所に置いておけば、係の人がこまめにチェックしてついでくれます。

ただし個室の場合、あまり頻繁に入ってこられるのが煩わしかったり、話の内容を聞かれたくなかったりするときは自分がつぎましょう。


お酌問題と同じく悩ましいのが、大皿料理の取り分けです。コース料理であれば一人前ずつ出てくるので気をつかいませんが、場合によっては誰かが取り分け作業をしなければならないでしょう。そんなとき基本的には**ホストが取り分けます。**それをきっかけに会話が弾むことも多いので、できればスマートに取り分けられるといいでしょう。

なお、最初からシェアをしないコース料理などを選ぶと、ホストであってもリラックスして食事を楽しめると思います。もしくは**お店の人に、「取り分けて持ってきてくださいね」とお願いしてもいいでしょう。**

POINT

お店の協力を仰ぐ

71

乾杯は全員ビールでなくていい

私が社会人になったばかりの頃は、今よりも「～でなければならない」ということが多かった気がします。

例えば昔は宴会では有無を言わせず、全員がビールで乾杯しなければなりませんでした。気づいたら目の前にビールのピッチャーがどんと置いてあって、まったくお酒を飲めない人であっても、一口でも口をつけるのがマナーとされていたのです。

幸い、今はそれぞれの事情を理解し尊重する「個の時代」になりました。そんな今の時代のマナーとは、**無理に相手に合わせることではなく、自分がストレスを感じずにその場を楽しむこと**ではないでしょうか。

若い頃の私は、明らかに相手がおごってくれるとわかっているのに、相手より値段が高いものを頼むのは申し訳ないと思っていました。だから遠慮して、ちょっと安いものを頼んだりしていたのです。

でも自分がお金を出す立場になって思うのは、相手が無理をして嫌いなコーヒーを頼んで、結局飲み干せないよりも、好きなものを頼んでリラックスしてくれたほうがうれしいということです。それに**本当に好きなものを頼むと、コミュニケーションのきっかけにもなります。**

例えば二人ともコーヒーだったら、得られる情報量はあまり多くないでしょう。ミルクを入れるのか、お砂糖を入れるのかぐらいしか違いがない。でもその人がオレンジジュースや紅茶を頼んだら、私は、「コーヒーは飲まないんですか」と聞きます。「ああ、コーヒーが苦手で」と言われれば、「この人はコーヒーを飲まない」という情報をインプットできる。その人に関する情報をわざとらしくなく得られて、今後の気配りの材料にできるし、好きな飲み物についての会話も弾むでしょう。

「相手と同じものを頼まなければいけない」とか、「相手より高いものを頼むのは控えるべき」というのは昔の話。今は逆に自分が好きなものを頼んで、そこから会話を広げるほうがいいのではないでしょうか。

POINT

個々の選択を尊重する

72

自分が払うときは、率先して高いものを頼む

前項の続きです。私はカフェや喫茶店などでの打ち合わせの場合、自分が払うときは、相手に値段を気にせず好きなものを頼んでほしいと思いますが、明らかに相手が払うことがわかっているときは、やはり少し高いメニューを頼みづらい気持ちもあります。仮に会社の経費で払うとしても、「経理の人に嫌みを言われたりしないかな」と気になるし、

「どうぞ、なんでも好きなものを頼んでください」

と言ってもらえても、やはり定番のコーヒーやアイスコーヒー、アイスティーなどを選んでしまいます。

ところがある人と雑談していて、この話をしたところ、その人は、

「僕は内心、相手が高いものを頼んでくれないかなと思いますね。そうすれば自分もホットコーヒーではなくカフェラテや抹茶ラテを頼めるから」

と言うので、なるほど、そういう考え方もあるかと思いました。

私は**自分が支払う側のとき、相手に遠慮の気配が感じられたら、自分が率先して高いも**

のをオーダーすることがあります。

「私、ケーキを食べようかな。〇〇さんもよかったら食べませんか？」と言うと、相手も頼みやすいのではないかと思うからです。

レストランなどでは最近はプリフィックス（一定価格）といって、「どれを選んでも値段は一緒なので、好きなものを選んでください」というシステムがあります。「前菜のメニューの中から2品、メインのメニューの中からお好きな1品をお選びくださ い」というようなシステムですが、たまに「メインを牛肉にするとプラス2000円」というようなことがあるのです。こんなときは「ステーキが食べたいな」と思っても、「プラス2000円か」と思うと、なんとなくお金を払う人の様子を窺ってしまいますよね。

本格的な接待ならば、接待される側に見せるメニューに金額は書いてありませんが、牛肉が高級食材なのは考えなくてもわかります。

こんなときはお金を出してくれる人が先に高いものを注文してくれると、自分も遠慮せずに牛肉を頼めると思います。

POINT

相手が遠慮しないように先手を打つ

73 男性が好む食べ物、女性が好む食べ物

秘書は上司のお昼の手配をすることがあります。

これはあくまでも私が過去に見てきた例から抽出した傾向にすぎませんが、**男性と女性では、好きな食べ物の傾向が分かれるように思います。**

男性は焼肉や唐揚げのようにわかりやすい味のものが好き。ナポリタンやハンバーグ、オムライスなど**お子様ランチ的なメニューが好きな人が多い傾向があります。**また、男性はシンプルな白いご飯が好き。

一方、女性は野菜料理やエスニック料理が好き。見た目がきれいで、いろいろなものを少しずつ食べられるセットやお弁当なども人気です。また、女性は炊き込みご飯やちらし寿司など、ご飯に具を混ぜたものが好き。雑穀米や玄米を好きな人も女性に多い気がします。

タイ料理やベトナム料理などのアジア料理は、女性は好きなことが多いですが、男性はどちらかというと苦手な人が多いようです。

男性が食事に行くときは、焼肉や居酒屋を選ぶことが多く、わざわざ無国籍料理などの

変わったものは選ばない気がします。香菜（シャンツァイ・パクチー）がどうしてもダメという方も多いので、私は会食のときは候補から外すようにしています。

ただし男性でもタイ料理が大好きという方もいれば、女性でもスパイスが効いたお料理は苦手という人もいるので、万人に当てはまるわけではないので注意。

また、会食といえば和食が選ばれることが多いのですが、年配の方だからといって和食が好きとは限りません。私は70代の方に京懐石のお弁当を用意したら、「こんな薄味のものは物足りないなあ」と言われたこともあります。70代・80代でも毎日ガッツリお肉を召し上がっている方もいらっしゃいます。

逆に、普段はあまり和食が好きではなくても、連日の会食が続くと胃腸が疲れているので、「さっぱりした和食がありがたい」ということもあります。

ここで述べたことはあくまでも一般的な傾向なので、参考程度に記憶にとどめておいてください。

POINT

老若男女で食の好みは違う

74

緊張させない接待

秘書の人たちが会食をセッティングすると、なぜか決まって「個室」になることが多いようです。おそらく「接待＝個室」という既成概念があるのでしょう。

確かに個室でなければいけないという上司もいますが、場合によっては**個室ではないほうがいいこともあります。**

例えば料理をつくっている人が見えるライブキッチンのあるお店や、気さくな板前さんが握ってくれるお寿司屋さんなどでは、個室よりもむしろ素材やつくり手の手元が見えるカウンター席のほうが上席ではないでしょうか。

また初対面の相手や、口数が少ない人の場合、いきなり個室に入ってしまうと緊張感がマックスになり、会話が続かなかったりすることも。

でも、料理しているところが見えるカウンター席なら、そんなことはありません。「ああ、あの食材をこんなふうに料理するんですね」などと、**目の前で起きていることを話せばいい**のですから。お店の人が話しかけてきてくれることもあるので、会話のネタには困らない。

だから、「会食はこういう店でなければいけない」「会食にこういうところはNGである」といった決まりは一切ないと思っています。シチュエーションや相手との関係によって、座席もベストなところは変わってきます。その都度、自分で考えるのがいちばんだと思います。

36項でも述べましたが、1対1のときは、**カウンターの角に90度で座るのもおすすめです。**１８０度で相対すると面接のようなかしこまった感じになりますが、90度ならあまり視線を合わせることがなく、それでいて親密な雰囲気になります。にぎやかなお店でもカウンターの端はうるさくないことが多いので、そこをキープするといいでしょう。

「半個室」も圧迫感がなく、かしこまりすぎない雰囲気があります。例えば個室の壁の天井に近い部分、あるいは床に近い部分が抜けている造りの一角や、あるいは簾《すだれ》で仕切られているような場合を半個室と呼ぶことが多いようです。

POINT

「個室」でない選択もときには必要

75 起承転結でストーリーを組み立てる

私は誰かをおもてなししたり、イベントを企画したりするときは、**当日までの一連の流れをイメージして、台本のようなメモをつくる**ようにしています。自分がプロデューサーや脚本家になりきってパーティーやイベントを構成してみると、少し離れた位置から全体の流れが見えてきます。すると間違いがないし、しておくべきことの抜けやもれもありません。

規模の小さい集まりなら頭の中でイメージするだけですが、参加者が数十人以上のときはパソコンや紙などでメモをつくります。

まずは脚本家になったつもりで、**登場人物、つまり参加者一人ひとりのキャラクター、年齢、職業や勤務先などを洗い出します。**そして、それぞれの性格や生い立ちやバックグラウンドなどを予習して頭に入れておく。

大勢の方が集まる会で、「このメンバーで仲良くなってほしいな」と思うときは、「このあとは皆さん、自由に連絡をとり合ってください」という意味で、参加者のお勤めの会社や部署などを表にして配ることもあります（もちろん事前に参加者の了承を得たうえです）。場合によってはＵＲＬなどを貼って、データでお渡しすることもあります。

当日、会場では会社名の入った名札をつけてもらうこともあります。なぜなら**ある程度、相手のことがわかっていると話しかけやすいから。**例えば結婚式の披露宴で、席札に「新郎友人」などと書いてあると、初対面の人でも「新郎のお友達ですか？　僕もです」というように話しかけやすいでしょう。そういう効果を狙います。

そして、**当日までに用意しておきたいことを箇条書きにします。**

- こんな招待状を出す
- こういう演出をするためにしておく準備
- 当日、現場で交わす会話の台本やとりたい行動
- 緊急時の対応策
- 後日のお礼状やその後のフォロー

こんなふうに全体の流れを把握しておくと、落ち着いて当日を迎えられるし、万全の準備をしたという安心感から、自分もその場を楽しめるようになると思います。

POINT

イベントの流れを俯瞰して準備する

76

行ってみたら「写真と全然違う」

今はインターネットで検索すると、あらゆるお店の情報が得られます。しかし**実際に行ってみないとわからないこともたくさんあります。**

ネットの写真は、店を少しでもよく見せるため、プロのカメラマンが工夫を凝らして撮っています。だから実際よりもきれいに撮れていることが多い。

「すごく広そうな個室だと思っていたのに、とても狭かった」「すぐそばを人が通るのでうるさかった」「壁が薄くて隣の会話が筒抜けだった」……。このようなことは、行ってみないとわかりません。本当に大事な会食の場合は、写真や文字情報だけでお店を決めるのではなく、できれば事前に足を運んでください。

駅から、あるいはクルマを降りてからお店にたどり着くまでの道のりも、行ってみないとわからないことの一つです。クルマを店の前に停められないとか、一方通行でクルマが入れず、かなり手前で降りなければいけないなどは、足が不自由な方にとっては大変です。そうでない方でも、土砂降りのときなどは困ります。

また料亭などでは、**門から入口までが飛び石になっていたり、苔が生えていたりするこ**

とも。**ヒールを履いている女性や、ご年配の方、車椅子の方、杖を突いている方には滑りやすくて危険**です。くれぐれもネットの口コミだけを鵜呑みにしないようにしてください。

でも高級なお店で値段も高いとなると、自分のお金ではそうそう行けないでしょう。ではどうすればいいかというと、下見に行くことです。**そこで食事をしなくても、「下見させてください」と事前にお願いすれば、見せてくれます。**

会食のお店を下見するときの大事なポイントの一つは、トイレの行きやすさです。

個室を何名かで利用したとき、奥の人が「ちょっとトイレ」と言って部屋を出ようとすると、狭すぎて全員が立たないと出られないことがあります。商業施設の中に入っていても、よいお店であればそのレストランの店内に専用のトイレがありますが、いったんお店から出てフロアの端まで遠征しなければいけないこともあるでしょう。

歩かせてしまうのが失礼にあたるような大事なお客様であれば、下見のときは化粧室の位置も必ず確認してください。

POINT

お店の下見をすれば、ぬかりなし

77

下見のマナー

大事な会食のお店を決めるには下見をするのがおすすめですが、時間帯には注意が必要です。自分のお昼休みを利用して、いきなりランチタイムの忙しい時間にお邪魔するのはお店にも迷惑。夜の6時から9時頃も忙しい時間帯なので避けたほうがいいでしょう。

確実なのは、事前に電話をして、

「下見をさせていただきたいのですが、何時にお伺いしたらいいですか」

と尋ねることです。そうすれば、

「午後3時から5時までの間にきていただければありがたいです」

などと言ってもらえる。あるいは、

「その時間帯は従業員の休憩中なので、それよりも忙しくなる前の、午前11時から11時半の間にきてください」

などと言ってくれるところもあります。

こんなふうに事前に確認をしてから行けば、丁寧に説明してくれますし、こちらの印象もよくなるでしょう。

さて、下見はしたけれど、いろいろな条件が折り合わず、そのお店を利用しない場合があるかもしれません。そういうときはわざわざ「行かないことにしました」とは言わず、**黙って予約しないだけでOK。**お店側もそこはわきまえています。

下見をしたあとに、

「ありがとうございました。そのうち予約をさせていただくことがあるかと思いますので、そのときには改めてよろしくお願いします」

と言っておけば、失礼にはあたりません。

ちなみに**下見のときは会社名を名乗らずに、「ワタナベです」というように個人名で申し込みます。**

「今度、社用で使わせていただくかもしれませんので、一度内覧させていただけますか」

というようにお願いしておくといいでしょう。

POINT

断るときはオブラートに包む

78

「景色のいい席」がベストとは限らない

今は景観の素晴らしいレストランがたくさんあります。そういうお店では、言うまでもなくお客様に景色がよく見える席に座っていただくのが基本。しかし、**あえてそれを避ける場合もあります。**

それは、大事な話をするとき。ここいちばんの接待や商談で力を発揮するテーブルのことを「パワーテーブル」と言うそうですが、そんなパワーテーブルからの眺めがあまりにもよすぎると気持ちが散るというか、話に集中できなくなるからです。

したがって、これはちょっと上級者向けのテクニックになりますが、**最初は景色が見えない側をあえてゲスト側にする。そして食事をしながら会話に集中してもらったあと、デザートからは席を移ってゆっくりと景色を眺めていただく**のです。すでに大事な話は済んでいるし、お酒も入って気持ちがゆるんだところで、景色をゆっくり楽しんでいただくという趣向です。

もちろんはじめから食事と会話を楽しむのが目的であれば、景色がよく見える側をお客様の席にすべきなのは言うまでもありません。

どこに座るかは重要な問題で、複数人の会食では、席次一つで参加者の楽しさが左右されるほど。

私の経験上、人数が4人までなら、全員が一つの話題についていて話ができます。しかし5人以上になると、同じテーブルについていても会話が分断されてしまうことが多い。時間が経てば経つほど、どんどん分断されていくように感じます。8人くらいになると、遠くの席の人とはほとんど会話ができず、隣の人とばかりずっと話すことになりがち。

このような事態を避けるには、**真ん中にいちばん社歴の長い、ベテランの人に座ってもらう**こと。そういう人は誰とでも親しく話ができることが多いので、右を向いたり左を向いたりして、万遍なくいろいろな人と話をしてくれます。

それでも会話が分断される事態が長く続いたら、幹事が席替えを提案したり、ビールをつぐタイミングで席を移ったりしてもいいでしょう。ポツンと寂しい人をつくらないようにあらかじめ席次を決めておき、名前を書いた席札を置いておくのも一案です。

POINT

席を決めるにも戦略を

79

支払いのタイミングや手段は、予約時にお店の人と決めておく

会食が終わり、いよいよ支払いの段階になりました。仲のいい友達との食事であれば、会計も簡単です。「割り勘にしよう」「会計は別々にしよう」で終わりですから。
最近はビジネスの会食でも割り勘にするケースがときどきありますが、やはりホスト側がご馳走することがほとんどです。「今後もよろしくお願いします」という意味をこめて、どちらかがご馳走する。そしてご馳走してもらったほうは、「次はこちらが払います」というのが大人の世界のしきたりです（ただし接待の場合は別）。

難しいのはこちらが支払いをするケース。大手企業であれば、お店の人に名刺を渡せば会社に請求書がきて、振り込みで支払えることもありますが、このような企業は例外でしょう。一般的には会食の終盤にさしかかったとき、招待したほうが途中で席を外して支払いを済ませます。しかし**会食に慣れた人は、「あ、今お会計に行っているな」とピンとくるもの。**支払っているとわからないように支払うのが難しいのです。

席を外すと会話も途切れてしまうし、**ゲストがしゃべっている途中で話を遮ってしまう**

のも失礼。

「どうしよう、どうしよう、トイレを装って支払いにいこうかな」と会計のタイミングをはかるのも一苦労です。

いちばんいいのは、予約をした段階で、あらかじめお店の人と決済方法を決めておくことです。

例えば、「中座できないので、お客様をお見送りしてからお会計をさせていただけますか」とお願いしておく。そうすればお客様が帰ったあとでゆっくり支払いができます。

クレジットカードか現金かについても聞いておくといいでしょう。下町の老舗のお店などでは、いまだに現金でしか支払いができないこともあります。いざクレジットカードを使おうと思ったら「使えません」と言われてコンビニのATMに走る、というような事態は避けたい。どのタイミングで支払いをするかと同時に、決済方法も確認しておきましょう。

POINT

お客様を見送ってからゆっくり支払いをする

第8章

お土産にも気づかいを

80

差し入れは相手が「お腹が空いているとき」に持っていく

私が秘書として仕えていた上司は皆、尊敬できる方ばかりでしたが、特に素晴らしい気づかいのできる方がいました。その方は大企業の社長であるにもかかわらず、私たち社員が働いているところへ、いつも社長自ら差し入れを持ってきてくれるのです。時間はだいたい夕方。ちょっと疲れたな、甘いものでも食べたいな、という絶妙のタイミングで、「そろそろ小腹が空いただろうから、みんなで食べて」と言って、コンビニのスイーツとか、コージーコーナーのジャンボシュークリームなどをポンと買ってきてくれるのです。どんな高級な手土産よりうれしかった。**贈り物は値段ではなく、タイミング**だということを教わりました。

手土産を選ぶのは難しいことです。本当に相手に喜んでもらおうと思ったらリサーチに時間もかかるし、行列に並ばなければならないことも。だから、ついつい「いつものあれなら間違いないか」と、無難なもので済ませようとしてしまいます。

でも私がいつも言うのは、「無難なものならいいわけではない」ということ。

得意先に持っていくものにしても、10社あったら10社なりに喜ばれるものは違います。そこで働く人たちの属性も、働く環境も違うからです。

若い人が多いのか、年配の人が多いのか。男性が多いのか、女性が多いのか。あるいはお茶を飲む習慣があるのか、ないのか。残業が多いのか、それとも夕方5時を過ぎるとオフィスが無人になるのか。

これらの条件を考慮したうえで、**想像力を最大限に働かせて「これがいい」と思ったものを用意するのが、いちばん相手にとって記憶に残るものになる**のです。

せっかく差し入れするのなら、有名なものだからいいとか、老舗だからいいとか、金額が高いからいいとか、そういう先入観にとらわれないでほしいと思います。無難なものを差し上げれば大きな失礼を犯すこともないでしょうが、**それで感動するかといえばそうではありません。**

POINT

どういう状況で、誰が食べるかを想像する

81

手土産は気づかせない

会食のあと、お帰りの前に手土産をお渡しすることがあります。

このとき気をつけたいのが、**食事をしている間は用意した手土産を先方に見せないこと。**そのためには**手渡す間際まで、手土産の袋はお店に預かっておいてもらいましょう。**そのほうがスマートです。

例えば座敷の隅に、出席した人数と同数の紙袋がずらっと並べてあったら、「あれは先方が用意した手土産だな」と気づかれて、サプライズ感が台無しに。

さらに相手は手土産に気づいた瞬間から、微妙に会食や会話に集中できなくなるかもしれません。

ある経営者の方が秘書の集まる食事会をセッティングしてくれたときのことです。

私をはじめ、出席した5社の秘書の方々が用意した手土産をお店に預けていました。

ところがある秘書の方は、明らかに「手土産です」という荷物を食事の席に持ち込んでいました。さらにその方は皆の見ている前で、1個ずつ品物を手提げ袋に入れてから渡していたのです。

どういうことかというと、例えばデパートなどでお菓子を4箱買ったとします。すると持ち帰りやすいように、一つの袋に4箱入れてくれる。店員さんはそれとは別に、配るときのことを想定して手提げ袋を4枚くれます。この方は、その詰め替えをその場でやってしまったということです。

このような個別の袋詰めは、できればお店に着く前、もしくは早めにお店に行って、ほかの人がくる前に済ませておきます。そしてすぐ渡せる状態にしたあとで、お店に預けておくのがいちばんです。

POINT

手土産は相手から見えないところに置く

82

印象に残る手土産の選び方は「その人ならではのもの」

会食の手土産に限らず、何か贈答品を渡すときは、「その人ならでは」のものを選んでみてはどうでしょう。

お料理が趣味の方なら調味料や調理グッズ。出張が多い方なら便利な旅行グッズ。小さいお子様がいらっしゃる方には、ご家族で楽しめるもの。あるいは、いつも身に着けているブランドで定番や最新の小物。先方の会社のコーポレートカラーのものなどです。

このようなものを選べるのは、**日頃からその人のことをよく観察しているからこそ。**もし自分がこういうプレゼントをもらったら、「ああ、自分のことをわかってくれているんだ」とうれしく思うのではないでしょうか。

なお、50~60代の人になると、同じような心づかいを過去に何度も経験しているのであまり驚きがありません。そこで私なら、まったく違う路線で攻めてみます。

「これ、今、流行なんですよ」「20代、30代の人のトレンドなんですよ」という**先方が知らなそうな、珍しいと思ってもらえそうなものを選んでみる。**

もちろん若者に詳しい50代、60代もいますが、多くの方は今の若い人たちのトレンドには通じていないことが多い。先方の会社のサービスやものづくりに直接役に立つことはなくても、少なくとも話のネタになるでしょう。

「今、これバズってるんです」「すごく話題で、並ばないと買えないんですよ」という説明から、会話が弾むことも往々にしてあります。

一昔前は手土産を渡すとき、「つまらないものですが」と言って渡すのが決まり文句のようになっていました。

でも最近は、「あなたのことを思って、こういう理由でこれをご用意しました」というように、**なぜそれを選んだかという「理由」を一言加える**ことが多くなりました。そのほうが、より気づかいが伝わるからではないでしょうか。

POINT

「なぜこれを選んだか」の説明も贈り物の一部

83 手土産の相場は思ったより安い

私たち秘書が厳選した手土産の名品を紹介する『接待の手土産』というサイトがあります。このサイトをつくって初めて知ったのが、接待の手土産についての誤解でした。「接待の手土産というのは、偉い人が偉い人に渡すものだから、高級なものに違いない」と思われていたのです。

実は接待の手土産は、**3000円〜5000円がボリュームゾーン。**ところがサイトがスタートした当初、掲載を希望してエントリーしてくる商品は10万円もするワインや、桐箱に入ったフルーツみたいなものばかりだったのです。

しかしどんなトップ企業の社長であっても、口に入れる食べ物・飲み物で単価が1万円を超える手土産を贈ることはほとんどありません。もし1万円以上だとすれば、栄転や昇格などの記念に、少し名の知れたワインを贈るようなとき。

だから**手土産にしろ、会食の場所にしろ、自分が用意するときは、金額的に無理をすることはありません。**会社の経費ならまだしも、自腹を切る場合は特にそうです。でないと逆にいただいた側はすごく恐縮してしまうし、居心地が悪くなってしまう。

それに「高級すぎて自分では食べたこともないけれど、高いものだからいいだろう」というものは、渡すときの説明もどこかそらぞらしい。

何のために手土産を持っていくかといえば、「思い」を伝えるためです。

何を思ってそれを用意したかがいちばん重要なのであって、値段やお店のブランドは二の次。もらった相手が喜ぶかどうかがポイントです。したがって、**もらったほうが、「こんな高そうなものもらっちゃった。なんだか無理させちゃったな。かえって悪かったな」と負担に感じるようでは本末転倒**なのです。

でも自分が食べておいしかったものであれば、

「いや、これは○○さんのお口に合うかどうかわからないけれど、僕は近所の和菓子屋さんの豆大福がすごく好きで、これを○○さんにも食べてもらいたかったのでお持ちしました」

と言える。そのほうが、よっぽど気持ちが伝わると思います。

POINT

「もらってうれしいのは、その人が食べておいしかったもの」

84

喜ばれる手土産は、食べ物以外にもこんなにある

手土産やお中元・お歳暮といえば食べ物中心ですが、それ以外にもおすすめはたくさんあります。

例えばタオルやハンカチは、もらったほうもあまり負担になりません。

ある程度の予算がある場合は普段自分では買わないような、ワンランク上の靴下や折りたたみ傘もいいでしょう。

ゴルフが好きな人には、ゴルフボールやゴルフマーカー（自分のボールの代わりに、芝の上に置いておく目印）などのゴルフ用品も定番。

私がよく用意したのは、ユニセックスな香りのシャンプーやボディーソープなどのアメニティグッズです。食べ物と同じく消耗品なので、身に着けるものやインテリア用品と違い、好みがうるさい人にも喜んで受け取ってもらえますし、家族構成なども気にせずに済みます。

海外や遠方の方には、その土地でしか手に入らない名産品や伝統工芸品もおすすめ。今はどこの伝統工芸品でも現代風にアレンジされた、おしゃれなものがたくさんあります。

こんなふうに考えてみると、**食べ物以外を贈るほうがいいときもあることに気づく**のではないでしょうか。

これは贈り物の鉄則ですが、**「生活必需品だけれども、自分では買わない高級品」は間違いなく喜ばれます。**最近のヒットは「歯磨きジェル」でした。

ホテルオークラのスイートルームだけにアメニティとして置いてある「木曽檜《きそひのき》歯磨きジェル」をご存じでしょうか。小さいサイズは1000円ぐらい、それより少し大きいプッシュ式は2000円ぐらい。多くの方から、「これはいい」と言ってもらえました。

この歯磨きジェルが素晴らしいのは、健康にいいというエビデンスがあるところ。なおかつ「オークラのスイートルームにしか置いていない」というストーリーも心をくすぐります。たった1000円でその歯磨きジェルが買えるのですから、手土産とか贈り物というのは本当に金額ではありません。決め手は日頃から情報収集をしているかどうか。自分なりの情報収集をして、面白いものを用意したほうが喜ばれると思います。

POINT

「自分では買わないけどもらったらうれしいものを贈る」

85

贈答品のタブー

「ハンカチは涙を拭くものだから、人に贈るのは縁起がよくない」

「入院している人へのお見舞いに花を持っていくとき、鉢植えの花はNG。寝つく（根っく）に通じるから、病気の快復が遅れる」

こんな言い伝えは初めて聞いた、という人もいるのではないかと思います。

このようなタブー（禁忌）に科学的根拠はありません。むしろ贈ってはNGとされるものでも、場合によっては喜ばれることもあります。

入院している人にとっては、切り花よりも鉢植えのほうが花瓶の水を替えなくて済むので便利ではないかと思いますし、ハンカチは値段も手頃だし、何枚あってもうれしい。私も普段、仲のいい人には普通にハンカチを贈っています。

ほかにも、

「目上の人に靴や靴下を贈るのは、『踏みつける』『見下す』という意味になるので失礼にあたる」

「結婚のお祝いに、ハサミや包丁（切れる）、ガラス製品（壊れる）はタブー」

などと言われていますが、中には「それって、こじつけでは……」と思うようなものがなきにしもあらず。

でもこういう習わしとか古いルールのようなものは、**一応頭の片隅に入れておいたほうがいい**でしょう。

例えば**ご年配の方で、大安や仏滅などの六曜を気にしている方や、古くからのルールを重んじて行動している方には、ルールを守っておいたほうが失礼になりません。**やはり「念には念を」です。

「接待　手土産」「入院　お見舞い」などのワードで検索すると、いろいろなコンテンツが出てきて、基本的なおすすめ品や、避けるべきものがわかると思います。最初のうちはそれに沿った無難なものを贈るといいでしょう。

POINT

贈らないほうがいいものをチェックする

86

もらって困る手土産・贈答品もある

お中元やお歳暮の季節は、オフィスの冷蔵庫が満杯になりがち。

飲み物やゼリーであれば常温で保存できるものがほとんどですが、生のフルーツなどは常温だと追熟が進みすぎるので、冷蔵保存しなければいけません。

以前、新巻鮭がまるごと一本送られてきたことがありました。そもそも解体しないと冷蔵庫に入らないものを贈るのは考えもの。大きい会社だからといって、大きい冷蔵庫があるとは限りません。**オフィスにあるのは、せいぜい飲み物を冷やす程度の簡易的な冷蔵庫がほとんど。高さがあるもの、幅をとるものを入れても扉が閉まらない**のです。

また、受け取り当事者が出張中に、大きな箱が送られてきたことがありました。自分宛の贈答品であれば、箱から出してバラせますが、他人のものを勝手に開封するわけにはいきません。このときは窮余《きゅうよ》の一策として、熨斗《のし》のかかったままの状態の品物を写真に撮り、当事者へそれをメールに添付して送ることにしました。

「こういう状態で届きました。開封して中身をバラバラにしないと冷蔵庫に入らないので、すみませんが開けさせてもらっていいですか？」

いざというときはこういう手もありますが、やはり最終手段でしょう。

また、これは「皆さんで召し上がってください」というときの基本ですが、**人数よりもちょっと多く持っていくべき**です。「一人分足りない」場合の気まずさは想像しなくてもわかると思います。

ほかにも、まるごと一本の羊羹《ようかん》とかロールケーキのように、包丁で切らなければいけないようなものは、配る人に手数をかけます。あるいは、たくさんのクッキーやおせんべいが一つの缶の中にむき出しで入っているようなものも注意。配るとき、個々人の机の上に置いておくと、食べる前に湿気を吸収してしまわないかと心配になります。会社の中で配ることを想定するのであれば、**あらかじめ個包装になっているものを選ぶのは鉄則と言えるでしょう。**

また、言わずもがなのことではありますが、**同業他社の製品を持っていったりすることは絶対に避けてください。**

POINT

「おいしそう」だからといって、何も考えずに贈らない

87

個人宛に要注意な贈り物

もらって困る贈り物の続きです。

前項は会社宛のお中元やお歳暮の話でしたが、個人宛でも事情はそれほど変わりません。

気配りの基本は「自分が相手だったらどうするか」を常に考えること。そこで、贈答品や手土産をもらう立場になって考えてみましょう。

実はもらって困る、ありがた迷惑なものが確かに存在します。

どんなものがもらって迷惑するかというと、まずは、**大きくてかさばるもの**（ただし自動車で帰ることがわかっているような場合はＯＫ）。

次に生鮮食品など、**要冷蔵のもの。**たとえ保冷剤が入っていても、真夏などは、「このあと寄りたいところがあったけど、今すぐに帰って冷蔵庫に入れないと！」となる場合があります。

ご自宅に送るものも注意が必要です。

今は核家族化しているうえ、ほとんど自炊をしない単身赴任の人などは、ホテルにあるような小さい冷蔵庫しかないこともあります。要冷蔵・冷凍の品は、先方の冷蔵庫事情をちゃんと確認したうえで発送したほうがいいでしょう。

それに冷蔵庫があることが確認できたとしても、相手が家を空けずにいてくれて**受け取れるかどうかという問題**があります。留守の場合、宅配便の事務所で預かってくれるのはせいぜい2日間ぐらい。「置き配」や「宅配ボックス」などもありますが、クール便などは受け取れるかどうかを確認してから送ったほうがいいでしょう。

そのほかには、賞味期限が短いものを大量に送るのも、かえって困らせることになります。期限内に先方がちゃんと消費できるかどうかも考えたほうがいいでしょう。

POINT

大きいもの、冷たいもの、
賞味期限が短いものを贈るときは慎重に

88

紙袋にかけるビニールの「雨よけ」を常備しておく

手土産は、持ち帰るときのことを考慮に入れることが大事です。

例えば雨の日にデパートなどで手土産を買い求めると、紙袋の上から雨よけのビニールカバーをかけてくれます。紙袋は雨に濡れると破れやすいので、うれしい気づかいですね。

問題は、前もって晴れた日に手土産を買っておいたところ、会食の当日に雨が降ってしまった場合。そのままでは、ビニールの雨よけがかかっていない紙袋をお渡しすることになってしまいます。

クルマで帰るならいいのですが、台風のような大雨の日は、濡れた紙袋が破けてしまうことも。

さらに最悪のケースを考えてみましょう。

会食の日が雨だったとします。相手と手土産を交換したとき、相手のくれた紙袋には雨よけがついているのに、こちらの紙袋にはついていなかったとしたら……。ここで気配り力に歴然と差がついてしまうのです。

相手が自分の友達だったらまだましですが、自分がアテンド役で、主役が先輩や上司で相手が大事な取引先だった場合、先輩や上司に恥をかかせてしまうでしょう。

では、どうすべきか。

それは、**雨よけを常に用意しておくことです。**

どうやって用意するかというと、商品を買うときお店にお願いして、**少し多めにビニールカバーをもらっておくのです。**

「お渡しする日に雨が降っているかもしれないので、雨よけを人数分いただけますか」と言って、多めにもらい、使わなかったぶんをストックしておく。そんな小さな習慣が自分を助けます。

POINT

晴れた日こそ、雨に備える

89 駅や空港の売店で買った手土産の対応策

些細なことですが、手土産をきれいな紙袋に入れてお渡しするのも、気配りの一つだと思います。

例えば、地方出張のときの手土産。出張のときはただでさえ荷物が多いので、前もって百貨店で買ったものを出張当日に持っていくのは、かさばって大変。出張の手土産は、電車や飛行機に乗る前に買うのがいちばんラクなのです。それに今は「東京駅限定」とか、「羽田空港限定」のお土産がたくさんある。このような限定品は非常に喜ばれます。

ただ、一つ難点が……。

それは空港やJRの売店で買ったものは、シャカシャカしたポリエチレンのレジ袋に入れられてしまうこと。

「人数分、お入れしておきますか？」

と余計にもらう袋まで、レジ袋だったりします。

JR東日本なら「ニューデイズ」、空港なら「ANA○○」とか、「JAL○○」とか書いてあるレジ袋のまま訪問先にお渡しするのは、「途中で買ったんだな」ということが丸わかりで手抜きな印象だし、レジ袋もスーパーの買い物袋のようで興《きょう》がそがれます。家族や友達や親しい人ならかまいませんが、そうでない方に差し上げるなら、やはりちゃんとした紙袋に入れてお渡ししたいものです。

ではどうすればいいかというと、駅や空港の売店で会計のときに、

「○○の紙袋をください」

と言えばいいのです。虎屋の羊羹《ようかん》を買ったら、「虎屋の紙袋をください」。ヨックモックの焼き菓子を買ったら、「ヨックモックの紙袋をください」。こう言うと、**レジの後ろのほうに、ちゃんとお店ごとの紙袋をストックしてある**ので、それに入れてもらえるのです。

ただしその場で紙袋に詰め替えてしまうと、長旅の道中で紙袋が傷む可能性もあるので、現地に到着するまではレジ袋に入れておき、訪問先の手前で紙袋に入れ替えてお渡しするのがベストです。

POINT

駅や売店にもオリジナルの紙袋はある

第 9 章

さらに気配り力を上げるための心得

90

目の前の出会いをムダにしない

人と人との出会いは不思議なものです。

これは30~40代以上にならないとわからないことかもしれませんが、何十年ぶりかに再会した人と、何かの拍子にその後、深い関わり方をすることがあります。

私自身、当時は雲の上の存在だった上司の方と、二十数年ぶりにお会いし、その場で少しお話をしただけで、お仕事をご一緒するきっかけをいただいたことがあります。

ですから、**今目の前にいる人と、この先どこでどういう関係になるかわかりません。相手の年齢やバックグラウンドに関係なく、目の前の出会いを大事にしてほしいと思います。**

まだ若い人は、年齢が離れた人と自分が対等に話せる日がくるとは、想像もできないかもしれません。しかし同じ20歳違いでも、20歳のときに40歳の人と話すのと、40歳になってから60歳の人と話すのとでは大違い。前者は子供と大人くらい差があっても、後者は大人同士の会話ができるようになっています。

逆に、自分より若いからといって内心軽んじていた人が、数十年後には意外な大躍進を遂げることもないとは言い切れません。

何十年かぶりに古い知り合いと再会したときは、多くの場合、関係性が変わっています。そう考えると、**どんな人にも等しく礼儀正しくありたい**と思わずにはいられません。

ところで、よく若い女性向けの恋愛アドバイスに、「どんなにカッコいい男性でも、お店の人に横柄な態度をとる人はダメ」とありますが、本当にそうだと思います。つまりこういう男性は、相手を選んで対応を変えている。そういう人はあまり尊敬できません。

自分ではそういうつもりはなくても、傍《はた》からはよく見られているもの。**人間性というのはいろいろなところで垣間見えるもの**だと思います。

基本ですが、自分がされたら嫌なことはしない。相手が年上でも年下でも、社会的地位が高かろうが低かろうが態度を変えず、丁寧に、礼儀正しく、にこやかに。

それを心がけていれば、誰と数十年後に再会しても笑っていられるのです。

POINT

相手によって態度を変えない

91 応援してもらえる人になる

人間が一人でできることには限界があります。気配りについてもそれは同じ。自分一人ではできないことでも、ほかの人の力を借りることで可能になることは多いものです。インターネットでいくら検索してもわからないことがある。そんなときはその道のスペシャリストに一言聞くだけで、あっさり解決したりします。

その業界に詳しい人や経験を積んだ人たちと仲良くなる。そうやって、**何かあったらすぐ相談したり、質問したりできる人脈を築くことを心がけます。いわば自分の応援団（サポーター）をつくるのです。**

サポーターに相談したり、質問したりして助けられることが、私にもたくさんあります。助けてもらうことは恥ずかしいことではありません。**助けてくれる人を一人でも多く持てるかどうかが、その人の人間力を表す**と私は思います。

困ったときに頼れるサポーターがつくれる人は、ほかの人が困っているときに日頃から喜んで助ける人です。

逆にいえば、本人がちょっと嫌な人だったり、「この人には協力したくないな」と思われるところがある人だったら、応援団はできないでしょう。

何かあったら自分も誰かを喜んで応援するし、できる限りお役に立ちたい、という姿勢でいろいろな方に接していれば、サポーターも少しずつ増えていきます。

最終的には、「あの人はいつも人が嫌がる仕事を率先してやっている。こんなことで恩返しができるなら安いものだ」と思ってもらえるのが理想。そのためには**ギブアンドテイクというよりも、ギブが9割**のつもりでいたほうがいいでしょう。

今は情報社会ですから、ＳＮＳやネットで検索すれば、いろいろな情報を得られます。それも参考になりますが、やはり**生の声は鮮度が違うし、信頼度も高い。本当に頼りになるのは一次情報**です。

そのためには、やはりいろいろな方々とつながっていくのがいちばんです。

POINT

まずはギブから

92

サポーターをいろいろなところにつくる

具体的に、どういうところに応援団をつくればいいか。

まずは社内です。わからないことがあったとき、気軽に聞ける人がいろいろな部署にいると、仕事がやりやすくなります。

それから取引先の担当者。あるいは直接その業界の人ではなくても、「そういう人たちを知り合いに持っている顔の広い人」を知っているだけでもいい。

友達や親兄弟、おじいちゃん、おばあちゃんでもいい。

でももっと幅広く専門外のことを聞きたいのなら、仕事以外にもどんどんネットワークを広げていきましょう。

「確かあの人は現代アートに詳しかったな。美術品について教えてほしいな」

「この人はしょっちゅう海外に行っているから、こんなことも知っているかも」

「人に物を贈ることになったけれど、選ぶのが難しそう。この人だったらグルメだから、いろいろなおいしいものの情報を教えてもらおう」

こんなちょっとしたことでも、詳しい人に質問できるとすごく助かります。

さらに**仕事で利用するホテル、飲食店、百貨店などの人たちと、いい関係をつくる**ことを意識してみてください。特にホテルや百貨店にはおもてなしのプロが揃っています。

例えば香典袋に筆ペンで表書きを書かなければいけないのに、うまく書けない。そんなときは筆耕という職業の人に依頼することもありますが、社内や身近で字がきれいな人の名前を頭の中に入れておき、いざというときに頼める関係性をつくっておくのもいいでしょう。

手土産に悩んだら百貨店のお客様サービス、会食場所に困ったらホテルのコンシェルジュといったように身近にサポーターはたくさんいます。

POINT

一人で何もかもやらなくていい

93

自らがサポーターになる

私がいろいろな企業のトップを見てきて気づいたのは、彼らの周りでサポートしている人は、各地で営業をしてきた人や、店舗、工場などの現場にいた人が多いということでした。

ホテルのジェネラルマネージャー（総支配人）の秘書も、ずっと秘書一筋というよりは、フロントやコンシェルジュを経験した人が多いのです。ある有名外資系ホテルでは、その系列のいろいろなところを回ってきてから秘書になった人も多い。

なぜトップは、いろいろな現場を経験している人を自分のそばに置きたがるのか、わかりますか？

それは**現場にいた経験があると、何かが起こったときに、どの部署の誰にお願いしたらいいかを即座に判断できて、ダイレクトに人と人をつなげられる**からです。だからこういう人たちは何かあったときに強いのです。上に相談する前に、自分たちで問題解決ができてしまうほどです。

異動や転職をしたことがなく、一つの場所しか知らない人は、何か問題が降ってきたときに、自分の専門外のことはどこに相談したらいいのか、誰に連絡したら早く問題解決できるかがよくわかりません。

だから**いろいろな部署の、いろいろな人とつながっておくことが大事。**その人脈が、いずれ自分が誰かのサポーターになるときに役立ちます。

誰かから相談されたら、

「それは僕の専門ではないけど、この人なら知っているかもしれないよ」

と教えてあげられる関係性づくりをしておきましょう。

「こんなときはこの人に連絡をとればいいんだ」という人脈が増えていくと、自分自身が頼りにされる人になれるかもしれません。

まずは頼りになる人、何でも聞ける人を増やすことを心がけてください。

POINT

自分が解決できなくても、解決できる人を知っている

94

情報を循環させると運が向いてくる

私は友人・知人には、転職や部署異動で直接の関係がなくなったあとも、折にふれ連絡をとるようにしています。でも、ただ「元気ですか」と連絡するのも能がない。

そこで、おせっかいかもしれないけれど、**「これはあの人に必要かもしれない」という情報が入ってきたら、「こんなことを目にしました。ご参考までに」とＬＩＮＥを送るようにしています。**別に返事はいりませんよ、というスタンスです。

相手はすでにその情報を知っているかもしれない。あるいは必要な情報ではないこともあるでしょう。それでも、**「この人は自分を気に留めてくれているんだ」という気持ちが伝わります。**

情報といっても、そんなに大したことでなくてもいいのです。例えば銀座のデパ地下をぶらぶらしていたら、お中元によさそうなものを見つけた。そこで、毎年お中元やお歳暮選びに苦労している秘書の人に、「銀座のデパ地下でこんな新商品を扱っていました。〇〇屋限定です。ご参考になさってみてください」と写真を撮って送る。

ほかにも感染症が流行っていると聞いたら、LINEでのやり取りの最後に、**「先々週ぐらいからインフルエンザが流行っていると聞いたので、気をつけてくださいね」と一言添える。**これも立派な情報のアウトプット。

頭の中にいろいろな人を思い浮かべながら日常を過ごすのが習慣になると、連絡をとるのも全然負担ではなく、逆にアウトプットしないと気持ちが悪いくらいになってきます。

そしてアウトプットの相手が多くなればなるほど、情報が自分の周りで循環していくようになります。こういう情報はそれぞれの人が見聞きした一次情報なので、貴重なうえに信憑性も高い。こんな精度の高い情報を自分のところで止めずに、循環させるように心がけていくと、いい話が舞い込んできます。

実際、私も自分から営業しなくても、「渡邉さん、○○に興味ない？　こういうイベントの企画があるんだけど」などと向こうから仕事がやってくるようになりました。つまり一言でいえば運が向いてくるのです。情報のアウトプット、ぜひ続けてみてください。

POINT

自分が知り得た情報は次にどんどん回す

95

失敗の原因を深掘りすると自分の糧になる

自分がよかれと思ってやったことでも、喜ばれるとは限らないのが気配りというものです。残念ながらせっかくの好意が裏目に出ることもあるでしょう。

そんなとき、「この人は喜ばなかったけど、ほとんどの人は喜んでくれるんだから、まあいいか」と割り切って、早く忘れたほうがいいのでしょうか。

もちろん、引きずらないことは大事です。他人のリアクションで自分を評価するのもやめたほうがいい。しかしそれと同時に、**今よりもっと成長したいのであれば、うまくいかなかった原因を深掘りしたほうがいい**と思います。

失敗して怒られて、「あー、ムカついたー」で終わってしまったら、その先を考えなくなってしまうのではないでしょうか。

「どうして喜んでもらえなかったのかな」

「もっと喜んでもらえるやり方があったかも」

と思いを巡らせてみる。

もし自分のしたことで誰かが気分を害してしまったのなら、何がいけなかったのか、自分を責めずに、冷静に原因を突き止めたほうがいいです。

一回一回の気配りをその都度完結させるのではなく、一回一回を積み重ねて経験値を上げていく。そしてその経験値をもって、自分の前に現れた人にいちばんふさわしい気づかいとはどんなものかを考えていく。こんな努力が大事だと思います。

人間は一人ひとり、考え方も、価値観も、ものごとの捉え方も違います。失敗した理由も、そして成功した理由も、どちらも原因と改善策を追求して、丁寧に深掘りしていく。それを次の糧として、いろいろな経験値を積み重ねていくことが大事なのです。

POINT

うまくいってもいかなくても、振り返りをする

96

テレビやSNSを違った視点から見てみる

私はテレビやネットのドラマなどを、情報収集を意識して見ることがあります。もちろんドラマのストーリーそのものも楽しんでいますが、意識の片隅では冷静に細かい部分を観察しているのです。

例えばドラマに登場する医療、法曹、金融など、さまざまな業界の人たちを観察します。どんな専門用語があるのかな、どんな服装をしているのかな、この業界のオフィスはこんな感じなんだなとか、この役どころの人はこんなしゃべり方をしているとか、そういうことを学ぶ視点でドラマを見ています。もちろん**ドラマはつくりものであり、現実とは違うことは承知のうえ。**

一方で私は『七人の秘書』（テレビ朝日系）というドラマの監修をさせていただいたことがあります。

スタッフの人たちはセットや小道具なども全部打ち合わせをして、画面には映らない名刺のデザインまでこと細かにリサーチしていましたから、ドラマはまったくの絵空事というわけでもなさそうです。そういったドラマから、さまざまな業界の人のしゃべり方とか業界用語などもインプットしています。

ニュースで注目するのは、例えば企業の**お詫び会見。**謝罪している人がどういう服装をしているか、どういう言葉遣いをするかなどをよく見ています。

2024年の夏に天皇皇后両陛下がイギリスに行かれたときも、服装やしぐさや人々への対応に目が釘づけでした。これは非常にスペシャルな人たちの対応ですが、**国賓級の対応とはどういうものなのかを学ぶつもりでテレビを見ています。**


自分の興味があるところに注目して、少しでも知識を吸収するつもりでテレビやネットを見ていると、街を歩いているときも見方が変わってきます。見方が変わると入ってくる情報の質も変わってくる。さらには自分のアウトプットの内容も変わってくる。そして内容が変わればアウトプットする相手も変わってくると思います。

あらゆることに興味を持ち、学ぼうと心がけることで、自分が豊かになっていくのだと思います。

POINT

目に触れるあらゆるものから学ぶ

97 エンタメ力をつけるには、自分の体験がものを言う

例えば社内でイベントを開くとき。飲み会、忘年会、新年会、送別会、歓迎会や目標達成のお祝いなど、いろいろなシチュエーションがあると思います。

あるいは友達のバースデーパーティーやホームパーティーを企画したいとき。「どうしたら参加者に喜んでもらえるか」を考えるのも、大事な気配りの一つです。ただし「喜んでもらいたい」という気持ちだけでは、満足してもらうのはなかなか難しい。

なぜなら参加者の中には、いろいろなお店に行って、いろいろなものを食べたことがある経験豊富な人がいるかもしれないからです。そういう人は多少のことでは驚かないし、感動もしてくれないでしょう。

そこで大事なのが、**自分自身でいろいろな場所に足を運び、食事やお酒や季節のイベントなどエンタメを楽しむこと。**そして、それを使えるようになること。

本やネットで、「ここに行くと景色がきれいですよ」「ここのお店はこんなにおいしいですよ」「この手土産は喜ばれますよ」という情報を読んだところで、実際の体験にはかな

いません。

評判のスイーツを実際に食べてみたらそれほどおいしくなくて、「あれ？　期待しすぎたかな」と思ったことはないでしょうか。絶景が見たくて旅行に行ったら、観光客が多くて景色がよく見えずガッカリ……ということもありますよね。

本やネットでは、そういうことまでは調べきれません。だから自分が体験して、自分がどう感じたかがとても大事。自分がいいと思ったとか、おいしかったとか、素敵だったと思ったのであれば、やはりそれを伝える言葉にも力がこもります。

いろいろな体験をしている人は、人を喜ばせることが上手ですし話題が豊富です。なにも芸人さんのように、その場を盛り上げることだけがエンタメではありません。自分のちょっとした経験を話すこともエンタメなのです。

そう思えば、食事中や移動中に会話が途切れたとき、「私、昨日○○に行ってきました」というように話題を提供できるでしょう。結局、自分の経験を話すことが、聞く人をいちばん楽しませられると思います。

POINT

聞いていて面白いのは、その人のリアルな体験談

98

どうしても、落ち込んでしまったときは

落ち込まないと決めていても、ときに落ち込んでしまうこともあるでしょう。

そんなときの心の反応には二つのパターンがあるように思います。一つは「自分に落ち度があった」「自分はダメな人間だ」というように**自分に矢印が向くパターン**。

もう一つは、「どうしてあの人はあんなことを言うんだろう」というように、**相手に矢印が向くパターン**です。

自分に矢印が向くときは、「ああ、私ももうちょっと考えればよかったのに」と反省し、落ち込むことは落ち込みますが、時間が経てば「でも、そんな経験ができたことがありがたい」と、プラスに捉えることができます。

ところが矢印が相手に向かってしまうと、少々やっかい。「私は善意からやってあげようとしたのに、あんな言い方しなくてもいいのに」「あの人だって、この間似たようなミスをしていたのに」となかなか切り替えられません。

私も若い頃は正直言って、相手に矢印を向けることもありました。よかれと思って精一

杯やったのに、そんなにきつく言われるのは納得できないと思い、悶々としたこともしばしば。

でも年齢を重ねると、「こういう経験をできなかった人もいるんだから、経験できたこと自体はありがたいことなのかも」と感じられるようになってきました。矢印を自分に向けられるようになってきたのです。

私たちはいろいろな人に巡り会います。同じことをしても、それに対するリアクションは一人ひとり違います。その差の幅がやがて自分の財産になるのです。

自分なりの工夫を何もせず、ありきたりな接遇をして標準の評価を得ている人よりは、いろいろなことにチャレンジしながら、自分でそれを糧にしていくほうが、どれだけ人生が豊かになることか。本当に経験は財産です。そしてそれは自分が勇気を出して一歩踏み出さない限り、得られないものです。

POINT

一歩踏み出す勇気が得がたい経験となる

99 感情的になりそうなときの「おまじない」

働いていると、それはもう、いろいろなことがあります。不愉快なトラブルがあったり、理不尽な叱られ方をしたり。こんなときは、なかなか平常心ではいられないでしょう。

私は秘書として気難しい上司につくこともあったので、かなり厳しい要求をされたこともありました。

そのときのエピソードを後輩の秘書に話すと、「えっ、私だったらもう絶対無理！」と言われるほどです。私も最初のうちはずいぶん悩みました。でもある考え方をするようになってから、感情的になる時間が短くて済むようになったのです。

それは、**「こういう経験をさせてもらえるのは、ありがたいことだ」**と考えるというものです。

嫌な経験は誰でもしたくないに決まっています。でもそんな経験をしたからこそ、「こういう言い方をされると、人は傷つくんだな」ということがわかる。自分が味わったような思いを人にはさせたくないので、人に不快感を与えるような言動をしなくて済みます。

そのことに気づいてから、何かあると「これも経験」とおまじないのように唱えるようになりました。

ここで注意するのは、**最初から自分の感情にフタをしない**ことです。無理やりポジティブになろうとすると、かえって悶々とする時間が長引きます。だから**ショックな出来事があった直後は、心の中で「超ムカつく！　信じられない！」と、一回とことん怒りまくる。**

そして、「これってどう思う？　私のほうがおかしい？」と仲のいい友達や家族に話を聞いてもらう。その結果、「それは怒って当然だよ」と認めてもらったら、ちょっと納得できるでしょう。

最初から「今回の件があったからこそ、世の中にはこういう人もいるんだって勉強になったな」というように考えるのは難しいですが、そのうち「嫌なことも最終的には自分を成長させるための経験になるのかも」と思えるようになります。

そこまでくれば、傷ついた経験もムダにならないというものです。

POINT

腹が立ったら「これも経験」と思う

100

マニュアルが完成する日は永遠にこない

あなたの職場にマニュアルはありますか？

マニュアルといっても会社から支給されたものもあれば、いつの前任者がつくったかわからないマニュアルだということもあるでしょう。このようなマニュアルは仕事の手順がわからないときは助かりますが、一方でよく言われるように、頼りきりだとオリジナリティを発揮できなくなったり、新しいやり方を考えられなくなるおそれがあります。

確かにマニュアル通りにしていれば、何か不具合があったときも「マニュアルがそうなっていたなら仕方ないね」と許されて、個人の責任を追及されることはないでしょう。

でもマニュアルに書いてあることを忠実に再現するだけなら機械にもできる。私たちは考える力のある人間なのですから、**積極的にマニュアルの改訂を提案してほしい**と思います。

真剣に仕事をしていれば、些細なことから重大なことまで、どんどん改善点が見つかるはず。

仕事に慣れれば慣れるほど、「もっとこうしたらどうかな？」「ああしたほうがいいんじゃない？」というところが見えてきます。そのたびにマニュアルをどんどんブラッシュアップしていってほしいのです。このちょっとした気づかいで、仕事が効率化できたり、自社が提供している商品やサービスが向上し、お客様に喜んでもらえたりします。

無印良品には「ＭＵＪＩＧＲＡＭ」というマニュアルがあることが有名ですが、こちらも絶えずアップデートをしているといいます。

改善点を見つけるためには、**常に「自分だったらこうやる」「こうすればもっと効率的になるはず」「もっとこうしたら人に喜んでもらえるのでは」と考えて行動してみる**こと。これを若いうちに習慣化することによって、今後、プラス５歳、10歳、15歳、20歳と年齢を重ねていくうちに、情報量の入り方も変わってくるし、思考能力も圧倒的に高まっていくことは間違いありません。

マニュアルというのはいったん完成してもそれで終わりではなく、永遠にアップデートされ続けるものだと思っていてください。

POINT

時代の変化に合わせて行動も変えていく

著者がおすすめするお土産一覧

全国で購入できる老舗、有名店のものをお贈りする場合は、定番よりも季節限定や店舗限定、意外性のあるものがおすすめ

とらや	店舗限定	https://www.toraya-group.co.jp/products/collections/area_product
	季節限定	https://www.toraya-group.co.jp/products/collections/seasonal_yokan

ヨックモック	店舗限定	https://www.yokumoku.co.jp/products/special-collection/
	季節限定	https://www.yokumoku.co.jp/products/seasonal-products/

地方に出張するときは、地元のわかりやすいお店やブランドのものがおすすめ（例　東京の場合）

京橋千疋屋	梅干し	https://www.senbikiya.co.jp/c/shohin-list/grocery
銀座ウエスト	ギフトセット	https://www.ginza-west.com/SHOP/506.html
パレスホテル東京	パレスホテル東京特撰 豆菓子４種詰め合わせ	https://store.palacehoteltokyo.com/c/ct/food/wa/2536031

相手の好み、人数、家族構成などがわからない場合や複数人にお贈りする場合は、個包装、日持ちする、ある程度個数が入っているものがおすすめ

粟玄	和洋	http://awagen.jp/fs/awagen/set/w2000
東京會館	プティガトー	https://www.kaikan.co.jp/product/petitsgateaux.html
味噌煎餅本舗 井之廣	彩り8種詰め合わせ	https://inohiro.com/shopping/products/detail/188

ご年配のご夫婦、単身赴任の方にお贈りする場合は、食べきりサイズ、日持ちする、主食またはおかずの一品になるものがおすすめ

美噌元	湯葉で包んだお味噌汁	https://www.misogen-online.com/view/item/001000000007
山本海苔店	おつまみ海苔	https://www.yamamotonori-shop.jp/c/otsumami/otsumaminori/R03

健康志向や成人病を気にしている方にお贈りする場合は、塩分や糖分が控えめ、素材にこだわったものがおすすめ

巴屋清信	しぼり焼き	https://tomoeya.shop-pro.jp/?mode=cate&cbid=2817477&csid=0

親族で集まる機会が多い方、ホームパーティーがお好きな方には、その場で調理していただけるプチ贅沢なものや楽しい見た目のものがおすすめ

紡庵	極上あんこう鍋	https://x.gd/GPMCz
MOSS CROSS TOKYO	薬膳ブイヨンしゃぶしゃぶ鍋	https://and-cross.com/collections/mono/products/crossnabe

舌の肥えた方、頂きものが多い方には、質が良くて意外性のあるものや、敷居の高い高級店ならではのものがおすすめ

アピシウス	パウンドケーキ	https://apicius.co.jp/menu
今成漬物店	つけもなか	https://www.ecshop.undiscovered.jp/tsukemonaka
創作菓子工房 Sayabo	オードブル缶　ショートブレッド	https://base.sayabo.com/items/90769756
まるりょう野澤商店	かずのこギフト	https://nozawa-syouten.ocnk.net/product/58

お祝いしたい方には、パッケージや商品自体が紅白や華やかのもの、ネーミングがおめでたいものがおすすめ

岩谷	紀州 梅真鯛梅 https://www.iwatani-umemadaiume.jp/products/detail/9	

海外の方にお贈りする場合は、日本らしいパッケージのもの、食べ方がわかりやすいもの、和洋折衷のものがおすすめ

茜庵	ゆうたま https://www.akanean-shop.com/c/hitokuchi/yutama	

食べ物以外のものをお贈りするときは、自分では買わないようなちょっと贅沢なものがおすすめ

木曽檜三百年	木曽檜歯磨きジェル https://kisohinoki300.com/?ls=ja	
ホワイトローズ	高級ビニール傘 https://whiterose-net.shop-pro.jp/?mode=grp&gid=2823845	
山忠	ケアソクととのえる https://shop.caresoku.com/?mode=cate&cbid=2214079&csid=0	

リストは2025年1月現在のものです。商品やURLが変更になる場合がございます。

商品、URLに関してのご質問、問い合わせ等は、弊社（かんき出版）では受けつけておりません。

おわりに

私は秘書向けにいろいろなセミナーや勉強会を何度も開いてきました。秘書の人たちは毎回同じ人がくるわけではなく、抽選だったり、きたくても都合でこられないこともあります。それでもリピーターが多く、過去に参加したときの感想をいただくことがあります。

「あのときのあの話がすごく参考になった」

「あのとき教わったことをきっかけに、こんないい気配りができた」

「あのとき聞いた失敗談がとても励みになった」

というようなことを、いろいろな方から言っていただくことが増えてきました。でもそれは、私が覚えていないことがほとんどだったのです。

ふと思ったのが、**「気づかいというのは、その人の記憶に残ればいいことであって、別に自分の記憶に残らなくてもいい」**ということでした。私と接した方が私の気配りを後々まで覚えていて、いい思い出にしてくれることが私の喜びなのだから、それを自分が覚えていなくてもかまわない。

私はいったんセミナーや勉強会が終わると、すぐ次に気持ちが向かいます。もちろん振り返りや反省はしますが、「あの人にこんなことで喜んでもらった」というところにずっとしがみついていない。それはたとえ昨日のことでも、すでに過去の栄光にすぎないのです。

だから常にどんな新しいことをしようかなとか、目の前の人に何をしたらベストかな、などと考えています。

「自分がこんな機転を利かせて、こんなことをして喜んでもらったことがある」という記憶は、大きな失敗をしてへこんだときの勇気づけにはなるでしょう。でも、成功事例にしがみついてしまうと、そのやり方に執着しかねない。

過去のことにはとらわれずに、毎回どうすれば喜ぶかな、どうすればベストなのかなというところからスタートしています。

相手は一人ひとり違います。同じ人と会ったとしても、相手も自分も変化し続けていますから、まさに一期一会。

気配りは一瞬一瞬が新たな創造です。ぜひこの本をヒントに、自分なりの気配りを実践していっていただければと思います。

渡邉　華織

【著者紹介】

渡邉　華織（わたなべ・かおり）

◉——セクレタリーズ アドバイザー、お福分けコンシェルジュ。秘書歴30年以上。

◉——秘書時代は、大手企業の会長・社長秘書を歴任。エグゼクティブアシスタントとして経営の一端をフォローする一方で、企画・採用・広報などにも携わる。世界を代表する企業や各国の政府、大使館などとの折衝をする中で、秘書ならではのホスピタリティを発揮。

◉——ぐるなびでは、秘書時代に上司から学んだ経営戦略や企画力とホスピタリティを生かし、3万7千人以上の会員を持つ『こちら秘書室』の担当室長として、スキルアップセミナー、高級飲食店の下見・試食会などを企画し、現役の秘書達に必要な情報を提供。秘書ならではの知見が評価され、多くのメディアに取り上げられる。

◉——ぐるなび退職後は上場企業からスタートアップまで多岐にわたる企業の経営者のサポートを継続しながら、秘書コミュニティ「セクレタリーズ」を運営。エグゼクティブや秘書のニーズや悩み事を吸い上げてセミナーやイベントの開催、地方自治体や企業、百貨店、手土産事業者のコンサルタントや、タイアップの企画を手掛ける。テレビ朝日『七人の秘書』、スピンオフドラマ『ザ・接待〜秘書のおもてなし〜』の秘書監修なども行う。

好《す》かれる人《ひと》のさり気《げ》ない気配《きくば》り100式《しき》

2025年２月17日　　第１刷発行

著　者——渡邉　華織

発行者——齊藤　龍男

発行所——株式会社かんき出版

東京都千代田区麹町4-1-4 西脇ビル　〒102-0083

電話　営業部：03(3262)8011㈹　編集部：03(3262)8012㈹

FAX　03(3234)4421　　振替　00100-2-62304

https://kanki-pub.co.jp/

印刷所——ベクトル印刷株式会社

　ISBN978-4-7612-7794-9 C0030

賢い人のとにかく伝わる説明100式

深谷百合子（著）

定価：1,650円（税込）
46判　並制　240ページ
ISBN978-4-7612-7721-5

自分の言いたいことを正確かつ端的に伝えられれば、相手はきちんと耳を傾けてくれますし、こちらの意図をしっかり把握・納得して動いてくれます。説明上手になるための「自分の考えが正しく相手に伝わり、相手が納得して動いてくれるようになるコツ」をまとめました。

最高の未来に変える
振り返りノート習慣

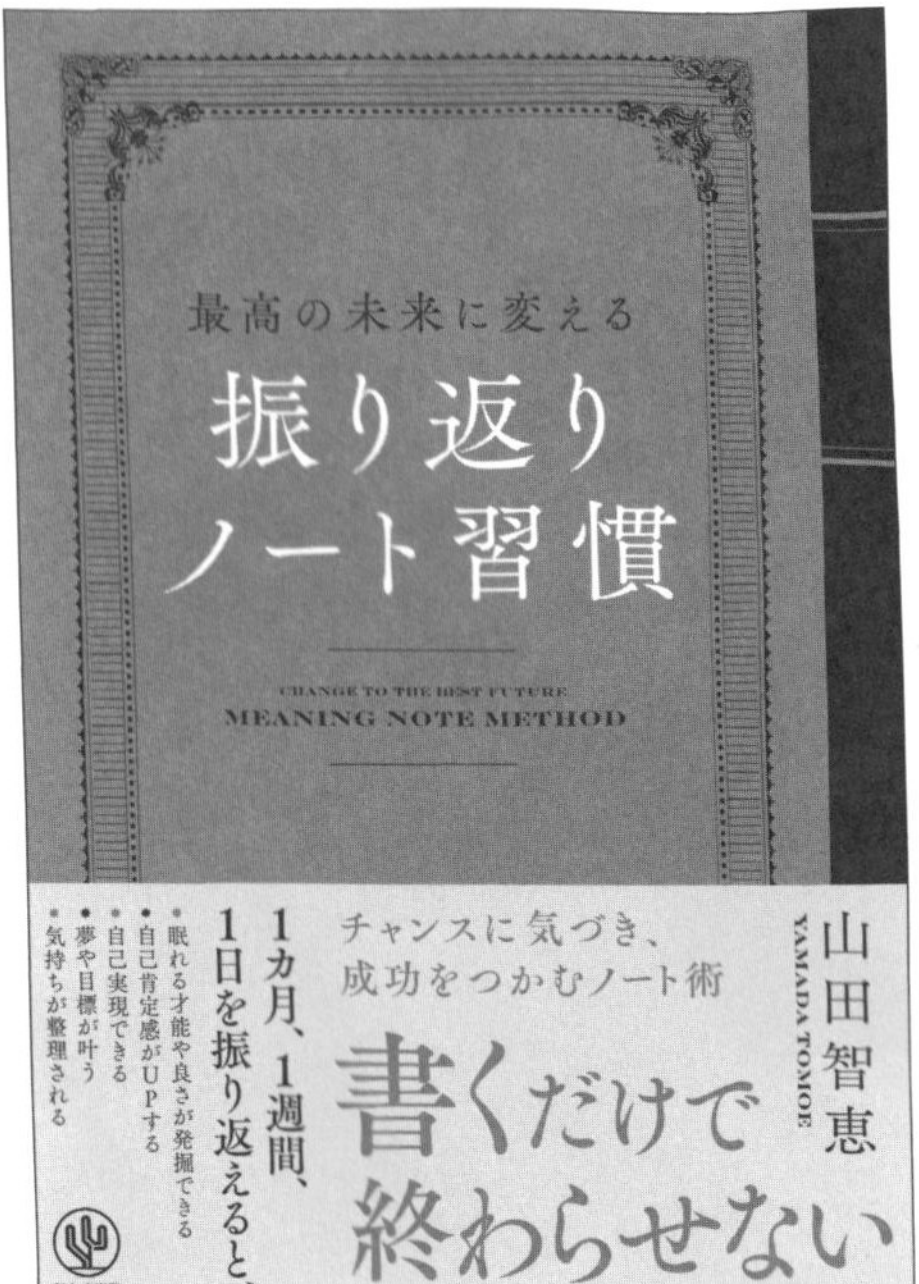

山田智恵（著）

定価：1,650円（税込）
46判　並制　256ページ
ISBN978-4-7612-7734-5

ノートに書き、振り返ることで、自分の心の声が聞こえ、未来に向けてどう行動すればいいか、自分らしい生き方をするにはどうすればいいかが明確になり、実行に移せるようになります。本書は、ノートを「書く」だけでなく「振り返りスキル」を身につけることを提案します。